D1736971

Memorias de una infamia

Memorias de una infamia

LYDIA CACHO

Prólogo de
CARMEN ARISTEGUI

DEBOLS!LLO

Memorias de una infamia

Primera edición: noviembre, 2007
Primera edición en este formato: noviembre, 2010

D. R. © 2007, Lydia Cacho

Carmen Aristegui por el prólogo

D. R. © 2010, derechos de edición mundiales en lengua castellana:
Random House Mondadori, S. A. de C. V.
Av. Homero núm. 544, col. Chapultepec Morales,
Delegación Miguel Hidalgo, 11570, México, D. F.

www.rhmx.com.mx

Comentarios sobre la edición y el contenido de este libro a:
literaria@rhmx.com.mx

Queda rigurosamente prohibida, sin autorización escrita de los titulares del *copyright*, bajo las sanciones establecidas por las leyes, la reproducción total o parcial de esta obra por cualquier medio o procedimiento, comprendidos la reprografía, el tratamiento informático, así como la distribución de ejemplares de la misma mediante alquiler o préstamo públicos.

ISBN 978-607-429-750-8

Impreso en México / *Printed in Mexico*

A mis colegas periodistas
que han dejado la vida

De todo quedaron tres cosas:
la certeza de que estaba siempre comenzando,
la certeza de que había que seguir
la certeza de que sería interrumpido antes de terminar.

Hacer de la interrupción un camino nuevo,
hacer de la caída un paso de danza,
del miedo, una escalera,
del sueño, un puente,
de la búsqueda… un encuentro

FERNANDO PESSOA
De todo tres cosas

Índice

Anexos

Prólogo

A mediados de diciembre de 2005, con un pie en el avión que me llevaría al extranjero, recibía en mi celular las últimas informaciones sobre la detención de la escritora Lydia Cacho, sucedida en Quintana Roo, y sobre el inicio de su traslado al Estado de Puebla. Crecía entonces la preocupación entre los colegas de los medios por la suerte que podría correr la periodista que había publicado —siete meses antes— *Los demonios del edén*. Más tarde se supo que el empresario Kamel Nacif la había demandado por delitos de difamación y calumnia. El operativo y el traslado eran, a todas luces, desproporcionados. Este libro, escrito con rapidez en una acción desesperada, ayudó a impedir que el pederasta Jean Succar Kuri fuera liberado de una cárcel en Estados Unidos, entre muchas otras cosas. La publicación demostró, con información ministerial y testimonios perturbadores, no sólo la existencia de una red de pornografía infantil y abuso de menores, instalada en Cancún, sino la de una red de protección y complicidad política, judicial y empresarial que hizo posible la existencia de ésta. Lydia se había atrevido a señalar públicamente al pederasta y a su protector principal. Había desafiado a los demonios. Kamel Nacif, el poderoso empresario conocido como "el Rey de la Mezclilla," montó en cólera y decidió darle a Lydia un escarmiento ejemplar, al tiempo que buscaba, aunque sin éxito, impedir que testificara contra Succar ante la justicia norteamericana. Todo eso lo supimos después. Había pedido al gobernador Mario Marín que pusiera a su servicio todo lo necesario —legal y extralegal— para detener a la periodista, quien sería llevada, en un viaje infernal de amenazas y torturas, de Quintana Roo hasta la cárcel de Puebla. En aquellas horas del 16 de diciembre de 2005, instantes antes de abordar el avión, alcancé a comprar un ejemplar del libro de Lydia, que estaba en las pilas de salida del aeropuerto de la Ciudad de México. Fue una suerte encontrarlo. Había tenido oportunidad de verlo meses atrás pero no lo había podido leer completo; el caso, más bien, lo había seguido por declaraciones de Lydia y algunas otras referencias. Volé con su libro entre las manos al mismo tiempo que ella era sometida por la maniobra del horror. Cada una tendría muchas horas por delante. He pensado varias veces en esta coincidencia singular. Mientras leía aquellas páginas me preguntaba en qué condiciones llegaría la periodista a Puebla. No se sabían a ciencia cierta ni los motivos ni el origen de la detención. Las expectativas eran francamente sombrías. No sería hasta varias horas después que Lydia se encargaría de contar algunas partes sobre lo ocurrido. Pero es hasta ahora que decide abrirse y contarlo todo, paso a paso y con lujo de detalles, aquí está la historia de las horas del cautiverio y de la liberación. Pero su relato no se queda ahí, por primera vez ha decidido también hablar de ella, contar de su vida y hacerlo desde las entrañas. Lydia Cacho, la mujer de las mil y un batallas, abre su alma y relata su historia, diciéndonos quién es esta mujer que se ha convertido en un símbolo de lucha y persistencia. La activista que portó en una camiseta la razón de su vida, "No más pederastas. No más corrupción. No más impunidad", decide también hablar hoy de su familia, de sus anhelos, de sus amores. Es esta la historia de la mujer que ha sorteado los laberintos más intrincados en todo tipo de procesos judiciales, especialmente su propio caso. La periodista fue demandada por Kamel Nacif, proceso del que salió exonerada pero exhausta tras soportar careos interminables y enredos judiciales que hubieran enloquecido a cualquiera. Otros procesos judiciales incluyen el caso interpuesto por ella misma en contra de Nacif y Marín ante la Federación y, por supuesto, su tarea en defensa de las víctimas de Succar Kuri, origen de toda esta historia. Es difícil entender cómo Lydia mantiene en todo momento la serenidad. De alguna manera, recoge los pedazos y los coloca siempre en su lugar. Mantiene el temple, la armonía y hasta la sonrisa. Es una mujer extraordinaria.

En *Memorias de una infamia* Lydia Cacho se extiende al narrar lo vivido durante su traslado de Quintana Roo a Puebla y su experiencia dentro de la cárcel. Detalla cada momento, cada situación y cada escala de su infierno. ¿Qué pasó durante las veinte horas en las que se le mantuvo dentro de un vehículo, hostigada, amenazada y agredida por quienes la trasladaban? ¿Qué paso al llegar a la cárcel de Puebla, donde "todo está arreglado para que la golpeen y la violen... unas presas, con palos de escoba"?, según le confió en voz baja una de las celadoras. Aquí está la radiografía de la infamia. Ahora sabemos cómo se instrumentaron los deseos de Kamel Nacif para tratar de quitar del camino a Lydia Cacho, cómo el gobernador hizo lo necesario para satisfacerlo y cómo fue que queriendo destruirla terminaron fortaleciéndola. Ahora se sabe que participaron la procuradora de Puebla, el procurador de Quintana Roo, el presidente del Tribunal, la juez, los agentes, todos los que hicieran falta para que Marín acabara siendo designado por un Kamel agradecido como "el héroe de esta película", el inolvidable "góber precioso". Estas frases fueron registradas en las conversaciones telefónicas de Nacif intervenidas en diciembre de 2005 y difundidas el 14 de febrero de 2006 por W Radio y el periódico *La Jornada* y, en fechas posteriores, por otros medios. Aquellas grabaciones soy un clásico de la vergüenza nacional. Son el retrato vivo de la podredumbre de un sistema de justicia manipulado por un gobernador, al gusto y medida del empresario poderoso. Esas grabaciones evidenciaban el tráfico de influencias, el abuso de poder y la perversa degradación a la que se puede llegar con la colusión de poderes. Me pregunto, por cierto, si la juez del caso tiene todavía colgado en su oficina el retrato del gobernador Marín, a manera de custodio de su tarea judicial. Las llamadas fueron demoledoras. El lenguaje y el contenido los retrataban de cuerpo entero. Recuerdo todavía al entonces vocero presidencial, Rubén Aguilar, quién respondió a la pregunta obligada sobre las revelaciones: "Brutal e indignante" dijo a los periodistas en Los Pinos. Brutal e indignante es que de entonces a la fecha todos los funcionarios públicos que estuvieron involucrados en los hechos sigan en sus funciones. El primero: el gobernador, quien ha costeado con dinero del erario una enorme campaña en medios para resarcir su imagen pública. No ha ido solo, por cierto. Le han ayudado a permanecer con "normalidad" en la escena pública sus correligionarios y quienes requieren de alianzas políticas inconfesables para tratar de mantener los frágiles equilibrios de poder que hoy se viven en México. Basta que se registre la escena del presidente Felipe Calderón, fotografiado junto a Marín en ocasión de lo que sea, para que, acto seguido, se multiplique la imagen en inserciones pagadas en los medios de comunicación. Ya no importa si Calderón, durante su campaña electoral, exigió juicio político contra Marín. Las coordenadas cambiaron y hoy un extraño halo protege al gobernador. Los hechos denunciados por Lydia Cacho y corroborados por la fuerza de las llamadas telefónicas divulgadas, obligaban a lo que, inexplicablemente, no ha ocurrido todavía: una cadena de destituciones, renuncias, averiguaciones ministeriales y juicios políticos contra los involucrados. Pero estos juicios no sólo a quienes protagonizaron la trama negra que llevó a la periodista a la cárcel sino, y sobre todas las cosas, a quienes han formado parte de la red de pornografía infantil y quienes conforman la red de protección a sus actividades. No olvidemos que los casos de abuso sexual de los que es acusado Succar Kuri no son hechos aislados, cometidos "solo por un viejo sucio," como suele decir la propia Lydia. Detrás de todo hay una red de prostitución y pornografía infantil que involucra a personajes del mundo empresarial y político del país. La fiscal especial para la Atención de Delitos Relacionados con Actos de Violencia contra las Mujeres de la PGR, Alicia Elena Pérez Duarte, ha señalado que Succar es la cabeza de una red de trata de mujeres, turismo sexual y pederastia que ha operado en Quintana Roo, Baja California, Veracruz, Puebla, Distrito Federal, Estado de México y Chiapas. Se sabe también que tiene conexiones internacionales. Basta con recordar una de las llamadas telefónicas intervenidas a Kamel: cuando conversa con el propio Jean Succar Kuri y hablan de niñas, pasaportes y costos en un diálogo nauseabundo. Las llamadas difundidas en aquel febrero causaron un enorme efecto entre la opinión pública, fundamentalmente, porque significaban una carta de autenticidad sobre todo lo expuesto por Lydia en *Los demonios del edén* y en sus múltiples declaraciones a la prensa. Ella tenía razón y no quedaban dudas. Kamel Nacif protege, como afirmó Lydia en su libro, a Succar Kuri, quien entonces se encontraba preso en Arizona y sujeto a un proceso que terminaría con su extradición a nuestro país. En estos momentos el juez que lleva su causa en Quintana Roo está por cerrar la instrucción para dictar sentencia. Pero los demonios no descansan nunca y el juez ha afirmado que no ha recibido, en su totalidad, ni los videos ni las fotografías que comprometen definitivamente al pederasta. La PGR afirma haber entregado ese material, decenas de fotos y videos incriminatorios, a la procuraduría de Quintana Roo. Por el momento no hay noticia de que el juez que dictará sentencia tenga en su poder tales materiales. Pensar en negligencia resultaría benévolo para explicar una omisión de este tamaño. ¿Quién protege a los pederastas? ¿Quién protege a los protectores?

El efecto causado por la difusión de las llamadas, que corroboraba las afirmaciones de Lydia Cacho y catapultaban el tema hasta las esferas internacionales, generó una presión social y política de tal magnitud que las dos Cámaras del Congreso de la Unión formularon la petición para que la Suprema Corte de Justicia abriera una investigación que clarificara lo ocurrido y se pronunciara al respecto. La Corte aceptó. Se instaló entonces una comisión cuyo trabajo, por decirlo suavemente, resultó fallido. Posteriormente se le asignó al ministro Juan Silva Meza la Presidencia de una nueva comisión, desde la que se realizó un magnífico y exhaustivo trabajo de investigación. Lo que el ministro concluyó puso los pelos de punta a más de uno. Alegaban, en voz baja, que se había extralimitado, que había recurrido hasta a las intervenciones telefónicas para llevar a cabo sus investigaciones. En efecto, se intervinieron 21 teléfonos, incluyendo el del gobernador Marín y el de su esposa, entre muchas otras muchas diligencias. Acusaron a Silva Meza de creerse Ministerio Público por haber echado mano de todo lo que tenía a su alcance, y que la ley le permitía, para conocer la verdad. De eso se trataba, de conocer la verdad. Sus conclusiones fueron claras: sí hubo concierto de autoridades para violar los derechos de Lydia Cacho y sí existe violación reiterada y sistemática de derechos en perjuicio de menores de edad, entre otras. Que la Corte pudiera pronunciarse de esa manera, a partir de una investigación de esta naturaleza activó varios resortes. Cuando todo parecía indicar que la Corte votaría el documento de Silva Meza, vino la sorpresa. El ministro José de Jesús Gudiño planteó una serie de consideraciones sobre una presunta falta de reglas previas y generales para los trabajos de dicha comisión, lo que hacía inapropiado votar en ese momento, como estaba previsto. El ministro Silva Meza se defendió como pudo. Alegaba, con razón, que no se podía pedir la instalación de reglas a una comisión que ya las tenía y que había concluido sus trabajos. Se trataba de evitar la votación y lo lograron. A juzgar por las caras sorprendidas de algunos ministros, aquello lucía como un autentico madruguete. ¿Qué hubo detrás de ese viraje en la Corte? Ésa es una historia que está por contarse. Lo que queda claro es que, en aquellos días, varios políticos se manifestaron inquietos, incómodos y críticos con el nuevo papel que la Corte estaba desempeñando en asuntos de alto impacto social. Que la Suprema Corte investigara hechos que involucran al mundo político no le gustó a muchos. Se empezó a decir que debería discutirse, en el marco de la Reforma del Estado, si debería permanecer en la Constitución o no esta facultad, que permite a los ministros intervenir como investigadores en asuntos de esta naturaleza. Una facultad, por cierto, utilizada en contadísimas ocasiones a lo largo de la historia. Lo notable era que la Corte reconociera un tiempo de excepción para hacer valer una facultad de excepción. El caso Lydia Cacho, el conflicto en Oaxaca y San Salvador Atenco revelan una crisis profunda en el Sistema de Justicia mexicano. No es gratuito que éstos sean los temas en los que la Corte ha decidido intervenir, precisamente aquellos donde la serpiente se muerde la cola, donde las autoridades que debían ser jueces resultaron ser parte. La tarea de la Corte en estos casos no tiene efectos vinculantes. Sin embargo, se sabe y entiende que el impacto político de un pronunciamiento del Máximo Tribunal necesariamente debería traer consecuencias. ¿Cuáles van a ser, cuando éstas se pronuncien, en el caso de Lydia Cacho? Es difícil saberlo ahora, cuando pareciera que los involucrados visibles e imaginables —salvo Succar Kuri, que está en la cárcel— respiran tranquilos. Lydia Cacho, por lo pronto, nos deja aquí estas *Memorias de una infamia*, el testimonio más íntimo y personal que haya escrito jamás, santo y seña de una vida luminosa y recordatorio perenne de que nadie tiene derecho a rendirse. Es aquí donde Lydia abre su alma y su memoria, arroja luces, despeja dudas y reafirma convicciones. Este es el relato que nos faltaba.

CARMEN ARISTEGUI
Octubre 2007

Introducción

Cuando en 2003 las primeras niñas se atrevieron a denunciar a sus verdugos ante los tribunales no podían adivinar la pesadilla que se les vendría encima. Sabían que ponían en riesgo su vida, pero nunca pensaron que serían acosadas ferozmente no sólo por sus victimarios, sino también por las autoridades y tribunales que, en teoría, deberían protegerlas. Unos meses más tarde, cuando no tenían más alternativa que regresar a continuar siendo "carne de cañón" de los abusos de Succar Kuri o perder la vida, se refugiaron en el centro de atención a víctimas que dirijo CIAM Cancún A.C. Las autoridades que les ayudaron en un inicio las habían traicionado y nada se interponía entre ellas y las amenazas de muerte de los hombres de poder a quienes habían desafiado.

Una mañana de abril de 2004, ya en el refugio, una pequeña de once años me tomó de las manos y con el rostro desencajado y mirada interrogante inquirió: "¿Verdad que tú no vas a dejar que nos hagan más daño?" La respuesta que le dí cambió mi vida. Para aquella época me quedaba claro que se trataba no sólo de los delitos de un viejo vicioso, sino también de una verdadera red de poder. Aunque no podía anticipar todas las implicaciones, intuía que la única manera de proteger lo que quedaba de estas niñas y niños con una vida truncada era llevar ante los tribunales y eventualmente a la cárcel a los culpables. Sabía que sería una cruzada larga y accidentada y que incluso entrañaba el riesgo de perder la vida. Todavía lo creo; pero todo en la vida me había preparado para dar una sola respuesta ante la indefensión de las menores: cumplir la promesa de nunca abandonarlas.

Lo que ha sucedido en los años subsiguientes es el resultado de aquel instante en que esos ojos núbiles me hicieron responsable y me convirtieron en el último recurso de un puñado de menores de edad abandonadas a su suerte.

Escribí el libro *Los demonios del edén* (Grijalbo) como un recurso desesperado para evitar la fuga e impunidad del pederasta que estaban a punto de consumarse. Para entonces se habían agotado las denuncias ante tribunales y los exhortos a la opinión pública. Autoridades estatales habían permitido la fuga de Succar Kuri y, aunque fue detenido en Estados Unidos, los jueces de aquel país carecían de elementos para retenerlo en prisión y posteriormente extraditarlo. La maquinaria del poder que apoya al pederasta se había movilizado para impedir el envío de todas las pruebas que podían sustentar la extradición: sin ellas, resultaba inminente la liberación del detenido.

La publicación de *Los demonios del edén* resultó clave para activar el proceso. La difusión que recibió el libro y las entrevistas que lo acompañaron en los medios de comunicación permitieron denunciar la pasividad delictiva de las autoridades. La indignación de la opinión púbica frente al caso del "pederasta de Cancún" obligó a la Procuraduría de Justicia a entregar al juez Duncan, de Arizona, las pruebas numerosas y contundentes, hasta entonces retenidas, que meses después permitirían a los tribunales mexicanos enjuiciar a Succar.

Las represalias no se hicieron esperar: muchos hombres de poder no deseaban un juicio público a Succar Kuri; además de pederasta, el hotelero de origen libanés fungía como prestanombres —para lavado de dinero— y socio de personajes con enorme influencia en la sociedad mexicana. Lo demás es una historia aparentemente conocida.

El 16 de diciembre de 2005, siete meses después de la publicación del libro, fui detenida por órdenes del gobernador Mario Marín, en colusión delictuosa con el empresario textil Kamel Nacif, bajo la acusación de este último de haberlo difamado al presentarlo como uno de los protectores del pederasta. La detención, plagada de arbitrariedades y abusos, y el traslado a Puebla en medio de amenazas de muerte y tortura demostraron que se trataba de una represalia por haberme atrevido a desafiarlos y exhibirlos, pero también era una manera de evitar que lo siguiera haciendo: la "justicia" de Puebla había sido comprada para asegurarme cuatro años de cárcel.

Unas conversaciones telefónicas entre Kamel Nacif y el gobernador Mario Marín divulgadas dos meses después de mi detención muestran claramente la forma como el poder del dinero y el poder político se entrelazan para protegerse y reproducirse. Las llamadas de Kamel Nacif a varios gobernadores y al líder de los diputados priistas, Emilio Gamboa, revelan los alcances de estas redes de poder. A lo largo de tres años he recibido amenazas, un atentado, la traición de abogados amedrentados o comprados y la utilización de todos los recursos jurídicos para agotarme física y financieramente. He sido testiga de la violación de prácticamente todos los procedimientos judiciales: del robo de una computadora de la Comisión Nacional de Derechos Humanos (CNDH) con testimonios exclusivos, de la desaparición de pruebas y de la corrupción de jueces.

Salvé la vida y mantuve la libertad gracias a la movilización de la opinión pública y al apoyo de colegas periodistas y en general de los medios de comunicación. Mi historia, que no es sino la extensión de la historia de las niñas victimizadas, pudo ser la misma que la de muchos mexicanos y mexicanas que todos los días padecen en el anonimato los golpes e ignominias de una sociedad injusta y arbitraria. Todos los días se viven tragedias de igual o mayor magnitud que violentan los derechos y los cuerpos de personas que carecen de voz y visibilidad pública. Diversas circunstancias se conjugaron para que los delitos de Succar Kuri, Kamel Nacif y el gobernador Mario Marín se convirtieran en hechos públicos y ocuparan un lugar en el museo de infamias públicas de México.

Siempre he creído que la o el periodista nunca debe convertirse en personaje de sus investigaciones, por ello evité hablar de mí en *Los demonios del edén*, sin embargo me atrevo a escribir esta historia porque sólo se conoce parcialmente y es imprescindible que se conozca completa: primero, porque sólo ha trascendido a la luz pública una pequeña porción de los oprobios que el poder ha desencadenado en contra de las víctimas y de las personas que las defendemos y les damos voz. Exhibir la manera como el gobierno de Puebla ha volcado los recursos del Estado para acallar la denuncia y sacrificado toda consideración ética para salvar el cuello de un gobernador, o la forma como el gobierno federal priorizó sus alianzas políticas con la corrupción, tienen un valor documental y periodístico evidente. En ese sentido, el presente libro constituye un testimonio excepcional porque hace un retrato *in fraganti* de lo que muchas y muchos mexicanos padecen sin tener la posibilidad de denunciarlo o demostrarlo.

Segundo, porque ser sobreviviente es un hecho que entraña responsabilidades. Más que por méritos propios, las circunstancias de la vida me han dado la posibilidad de atisbar la peor cara del monstruo y me han colocado en posición de revelarla en su más salvaje dimensión. La historia de mi patria es la tragedia de millones de hombres y mujeres cuya esperanza fue aplastada por la implacable realidad del poder político y criminal corrupto. Es una historia recurrente en tanto sigamos siendo un país sin memoria. Durante siglos hemos aceptado negociar nuestra dignidad, a cambio de que las hienas nos permitan subsistir entre la tinta y el papel, entre la vida y la muerte, entre la credibilidad y el desprestigio paulatino.

Y tercero, escribo este libro para que no prevalezca, como es usual, la versión de los poderosos, de los que siempre ganan. No han podido desaparecerme, pero han intentado —y lo seguirán haciendo—destruirme públicamente. Con sus recursos y presupuestos, sus concesiones y tráfico de influencias, buscarán aplicarme "la segunda muerte". Hace algunos meses la defensa de las niñas abusadas era una cruzada legítima y loable ante la ignominia de unas grabaciones aberrantes; hoy, cuando los poderes deben tomarse la foto con Mario Marín y negociar las reformas con Emilio Gamboa, mi causa y yo nos hemos convertido en una agenda incómoda. Incapaces de hacerme callar, lo único que les queda es desprestigiar a la mensajera y desvirtuar el mensaje. En ese sentido, *Memorias de una infamia* es una garantía para que la verdad prevalezca, cualquiera que sea el desenlace de esta historia.

Poco antes de ser asesinada, la defensora de derechos humanos Digna Ochoa me dijo que se sentía tranquila porque la autoridad sabía muy bien quién deseaba su muerte o su desaparición; es decir, el costo de liquidarla sería alto porque su muerte no quedaría impune; sin embargo, no fue así. Hoy Digna está oficialmente "suicidada" como resultado de investigaciones viciadas y de la fabricación de versiones destinadas a enlodar su reputación. Yo pretendo seguir viva y haré uso de todos los instrumentos que tenga al alcance para lograrlo; pero si no fuera así, en aras de las causas en que creo, es importante documentar los móviles y a los autores.

En el expediente "Lydia Cacho" se consignan las vicisitudes de una periodista y activista social, pero en realidad se trata propiamente de un actor colectivo. En el fondo, "la causa Lydia Cacho" es el mote para designar el trabajo y el sacrificio de muchas personas: en primera instancia, de mis colegas del CIAM Cancún, una veintena de mujeres y hombres que han padecido conmigo amenazas y desvelos para proteger a las víctimas. Sin duda, también es un puñado de periodistas valientes, cuya generosidad impidió el triunfo de las campañas de distorsión o de silencio de las redes de poder. Igualmente, es encomiable el valor de algunas y algunos funcionarios, legisladoras, abogadas y abogados y jueces honestos que se jugaron el puesto en defensa de sus convicciones.

Nunca fui a la escuela de periodismo, pero durante casi dos décadas he estudiado y ejercido esta profesión. Como todo aprendiz, leí al gran maestro Ryszard Kapuscinski, quien dijo: "A menudo, cruzar una frontera resulta peligroso y es algo que puede costar la vida. En Berlín hay un cementerio de gente que no lo logró". Me atrevo a parafrasearlo y decir: México es un cementerio de gente que no logró cruzar la frontera por defender la verdad, esa verdad que creímos que eventualmente nos liberará del ignominioso poder de un puñado de dueños del Estado corrupto. Con este libro, que pongo en sus manos, cruzo la frontera con mis recursos: la verdad, la palabra y la prueba.

Cancún, octubre de 2007

1

¿Quién es la tal Lydia Cacho?

Un año y 18 días después de que fui sentenciada con un auto de formal prisión y de vivir en libertad bajo palabra (irónicamente bajo protección policiaca las 24 horas del día debido a amenazas de Succar Kuri, entre otros), Xavier Olea, mi abogado, me llamó para desearme un feliz año nuevo 2007: un juez en la ciudad de México me había declarado libre de los cargos de difamación. Contesté mi teléfono celular cuando viajaba de regreso de la isla de Holbox, en Quintana Roo, donde pasé el año nuevo en compañía de mi pareja y amistades. Jorge conducía, mientras yo escuchaba la voz ronca pero en tono alegre de Xavier. Comencé a llorar y hablaba con dificultad; sólo repetía: "gracias, gracias" a mi abogado. Jorge, preocupado, me preguntó qué había sucedido.

En pocas palabras, sólo pude decirle: "Soy libre otra vez; recuperé mi libertad y mi credibilidad" y enseguida me incliné hacia él, quien siguió manejando con una mano, mientras con su brazo derecho me abrazaba. "Tú nunca perdiste la credibilidad", me dijo. Yo sólo pude contestar: "¿Qué credibilidad tiene una periodista con una sentencia por difamación?"

Lloré por un largo rato, como si un río fluyera a través de mi alma. Esta vez las lágrimas no eran producto del miedo o de la decepción, sino gotas saladas colmadas de liberación y certidumbre, pues las autoridades me habían arrebatado no sólo mi libertad, sino además mi credibilidad; ahora las tenía de vuelta para seguir adelante.

Durante el camino de regreso miré el paisaje selvático de la carretera, el mismo que me parecía interminable y oscuro cuando viajé aterrorizada en el auto de los judiciales un año antes. Como en un ritual de vuelta a casa, ahora con mi libertad a cuestas, volvimos en silencio, tomados de las manos de vez en vez y acompañados de la silente alegría de la música de *Queen*. Recordé las palabras de Eduardo Galeano: "la música arrejunta el alma"; vaya que es cierto, pensé.

En cuanto llegamos a mi casa, en Cancún, tomé el teléfono y llamé a mi familia y amistades cercanas; una a uno me repetía que la verdad prevalece cuando se hace lo correcto. No sé si esto es cierto, pero sentí la necesidad de celebrar el primer pequeño triunfo en tan inmensa lucha por la justicia. Liberarme del juicio en mi contra fue como salir de un pozo oscuro para rescatar el aliento. Después de todo, día y noche recordaba que sólo era una ciudadana común que daba una batalla contra el monstruo polimorfo que desde el poder público y criminal aplasta todo lo que se pone en su camino. Quise volver a mi tribu, a mi familia. a los orígenes que me formaron para resistir y rebelarme ante los abusos del poder.

Una tribu amorosa, solidaria y fuerte

Corría 1969: era una niña de 6 años cuando mi abuelo me sentaba a su lado, se servía una copa de oporto y me contaba las historias de por qué yo era así, preguntona y atrevida, inconforme, salvaje y amorosa. Me dijo siempre que éramos una familia con muchas historias para contar, con múltiples preguntas por hacer. Con ese tono de hombre sabio a quien no se contradice, desentrañaba el misterio de mi eterna pregunta: ¿por qué yo me sentía así, revuelta e inquieta y otras niñas no? Su respuesta no variaba: porque era hija de muchas culturas; por mis venas corre sangre de marineros portugueses, de conquistadores moros, de mujeres galas fuertes y valientes. También por parte de mi padre tenía en mí los mensajes de la casta indígena conquistada en México y de solitarios militares mexicanos. Por eso, decía mi abuelo (y lo repitió antes de morir, cuando yo tenía 32 años), yo me rebelaba contra el autoritarismo y la imposición de ideas, porque a mí me tocaba hacer algo con todo ese conocimiento y dolor de mis antepasados.

"Ésta es la vida después de la muerte —dijo años más tarde al recordar las conversaciones de mi infancia—; en tu vida llevas a cuestas a tus muertos, su sabiduría y sus historias." Cualquiera pensaría que las palabras de mi abuelo eran una locura sentimental de viejo amoroso; pero luego de haber sobrevivido la tortura, el secuestro policiaco y un breve pero aterrador encarcelamiento, después de recibir amenazas de muerte del crimen organizado y un par de atentados, más de alguno diría que mi abuelo Zeca conocía mi destino.

Él era un portugués moreno, hijo de una estirpe de campesinas y marineros, de cuerpo robusto y fuerte como un roble;

sus ojos eran dulces y sus manos grandes, siempre dispuestas a abrazar, a compartir, a trabajar la tierra y a escribir historias. A él nadie le habló de la pobreza o la injusticia porque las conoció de cerca. Nació en abril de 1909 y un año después, el 5 de octubre de 1910, comenzó la Primera República portuguesa y luego se atravesó la Primera Guerra Mundial. En 1919 se llevó a cabo una breve guerra civil que terminó en febrero de ese año en Oporto, la tierra de mi abuelo. Él me decía que entre su historia y la de México, más allá de la monarquía, no había mucha diferencia. Solamente entre 1910 y 1926 hubo 46 gobiernos diferentes en Portugal: aprendieron a vivir en la pobreza y bajo la ignominia de políticos corruptos y tiranos.

Mi abuelo se casó con una francesa nacida en abril de 1915, una mujer inteligente y memoriosa de tez blanca alabastrina y ojos verdes inmaculados. Fue hija de una señora que —aseguraban en su pueblo— era vidente y podía intuir los peligros y leer el destino de la gente. Tener conciencia social para mis abuelos no era un lujo intelectual, sino una forma de supervivencia en una Europa que transitaba entre guerras y la transformación social. En 1931 él tenía 22 años y ella 16; contaban con amistades y familia en Francia, España y Portugal y aprendieron muy pronto la importancia de la solidaridad y la conciencia política.

Mi abuela sonreía dulcemente, era una extraordinaria historiadora, quien sabía a ciencia cierta que la vida es demasiado breve para arrepentirse de nada, y que la soberbia humana nos impide entender que las rebeliones sociales son sólo pasos diminutos que abren camino a quienes vienen detrás. Marie Rose, quien me miraba con sus ojos verdes y luminosos, insistía en que la vida no debe perderse en el angustioso encierro del miedo al enemigo: "No construimos el presente, sino el futuro; por eso el temor es una herramienta de la inteligencia, nos alerta para pensar y trazar caminos", aseguraba mi abuela.

Ella era una maestra de los placeres simples, cocinera extraordinaria, capaz de intuir el destino y mirar el universo desde el borde de la paz interior de su alma. La única vez que la vi temerosa fue cuando le detectaron un tumor cerebral a los 80 años. Cuando ella murió, a su alrededor estábamos mi madre, mis dos hermanas y yo. Mientras afuera, en su hortaliza, mi abuelo, perdido en llanto, miraba a su alma desgranarse de dolor ante la muerte de su compañera y cómplice de vida.

Mi abuelo era explosivo, conocer su ira era descubrir la violencia de la que es capaz el hombre más amoroso. Ella era dueña de una fortaleza tierna inextinguible. Los dos decían que en nuestra sangre estaba la rebelión a todas las formas de esclavitud. Algo sabrían los viejos, porque él y ella se rebelaron y decidieron cruzar el océano para llegar a Veracruz. Trajeron con ellos a mi madre, Paulette, a enfrentar su destino manifiesto.

Paulette nació en Lyon, Francia, en 1935 y cuando tenía 6 años se embarcó con su madre hacia México. En tanto mi abuelo se organizaba para salir de los embrollos políticos, a mi abuela la esperaban sus amigos que huyeron de la guerra. Mientras tanto, en Portugal dominaba el dictador Salazar, el *ungido de Dios* con su temeraria policía política PIDE. Se torturaba y encarcelaba a los opositores al régimen en las prisiones de Peniche, de Caixas y en el campo de concentración Garrafal. A su alrededor las redes de amigos intentaban subsistir en un mundo dominado por Franco, Mussolini y Hitler.

Mi abuela me narraba que sus amistades desde 1936 hasta 1939 se debatían por un estado diferente, en la guerra civil española contra Franco y de 1939 a 1945 la locura de la Gran Guerra les enseñó el valor de la comida, de la amistad y del amor a la vida y a la paz social e individual.

Mi madre creció en México en un hogar donde se celebraba la vida y se recordaba la muerte y la injusticia en cada tertulia con los demás refugiados. Lo mismo se escuchaba un disco de Chabela Vargas que los fados de Amalia Rodríguez, quien visitaba, con su guitarrista, la casa de mis abuelos. Mi madre se sentía mexicana y aprendió a convivir con los dos mundos tan desiguales.

En la adolescencia la enviaron a estudiar un tiempo a Francia y Portugal, donde se enamoró por primera vez, pero volvió a México. Durante una tardeada en casa de un ingeniero militar a la que la llevó Lucero, su mejor amiga, ella conoció a un hombre apuesto con voz profunda, alto y delgado, de ojos enmarcados por pestañas y cejas como cuervos al vuelo. Poco tiempo después se hallaron prometiéndose amor eterno frente a un cura en la iglesia de Santa Rosa de Lima, en la capital de México.

Yo heredé la fuerza de voluntad y los ojos, la mirada de mi padre. El sueño de libertad me lo regalaron mi abuela y mi abuelo, así como la comprensión del mundo real me la confirió mi madre; mientras de mis dos hermanas y tres hermanos aprendí que el amor es ilimitado cuando somos capaces de perdonar, de aprender a querernos en nuestras similitudes y a disentir en nuestras diferencias sin declarar la guerra por ello. Con mi abuelo paterno, un militar solitario, aprendí cuán conmovedora puede ser la angustia de un hombre bueno que se somete a las reglas del machismo y que vive bajo el dogma del patriarcado, que al final le autodestruye, viejo y solo.

Entre juegos e historias dolorosas, crecimos con un padre serio y trabajador y una madre psicóloga alegre, bailarina de ballet clásico, que nos leía cuentos rusos, que era fanática del futbol —americanista para mayores referencias— en un departamento de clase media en la colonia Mixcoac de la ciudad de México. Desde pequeña aprendí de memoria mi dirección, en caso de que mis distracciones —que eran muchas— me llevaran por otros rumbos a mirar gente y escuchar historias. "Me llamo Lydia Cacho Ribeiro, vivo en Donatello 25, departamento 104", repetía ante mi madre, quien exigía que memorizara también el número telefónico.

Antes de mí nacieron dos hombres y una mujer, después llegaron un niño dulce y tierno, seguido de la niña más pequeña, Myriam, quien creció para convertirse en psicóloga y chamana, un personaje fundamental en mi vida adulta, aliada en las batallas por la paz y la equidad.

En una dolorosa sucesión de muertes, se fueron de mi vida la abuela y el abuelo, y el 24 de febrero de 2004 mi madre dijo adiós en mis brazos, luego de una larga batalla contra un cáncer hepático.

Mi familia es, como mi madre lo planeó, una tribu amorosa, solidaria y fuerte. Compartimos las causas de la paz y sus emocionantes, alegres o tristes y amargas consecuencias. En los momentos más difíciles allí están, ellas y ellos, para navegar en nuestras lágrimas compartidas, para decir: ¡basta la ignominia!, para gozar en una mesa servida de platillos elaborados con las recetas de la abuela.

"¿De qué estás hecha —me preguntó en una entrevista Germán Dehesa— para soportar con esa sonrisa la ignominia y tener fe?". "Fui educada para no rendirme", fue mi respuesta.

Y sí: nací en 1963 en un hogar atípico. Mi madre había estudiado psicología, pero sus inquietudes no estaban en un consultorio como maestra del diván. A ella le gustaba trajinar por la calle, trabajar en las comunidades. Cuando sus amigas le preguntaban por qué no se dedicaba a hacer dinero con sus conocimientos, ella sonreía y con la voz apasionada, heredada de su padre, insistía en que México era el país de la desigualdad y algo le tocaba aportar a ella para favorecer la equidad y "eso no se construye desde un consultorio, sino desde la trinchera de la calle", decía.

Mi madre nos llevaba a mí, a mis hermanas y hermanos a lo que en aquel tiempo se llamaban las "ciudades perdidas" de la capital de México. Allí la gente vive entre basureros, en casas de cartón y apenas con una tortilla al día. Mi madre, sus hermanos y un grupo formado por jóvenes trabajaban para intentar ayudar a hombres y mujeres a desarrollar un sentido comunitario, a exigir escuelas y a mejorar su forma de vida.

Supongo que mi madre jamás imaginó el efecto que tuvo en mi alma estar cerca de esos niños y niñas en los cinturones de pobreza. Mientras ella y sus colegas daban pláticas, yo intentaba jugar con mis iguales y descubría con azoro que niñas de mi edad eran incapaces de sostener un lápiz para hacer el más simple dibujo, que niños como mis hermanos no tenían la energía para correr detrás de una pelota que les habíamos obsequiado. Se quedaban acuclillados en el piso de tierra suelta, con la nariz mocosa y el cabello como madriguera de diminutos parásitos saltarines. Descubrir que comían una vez al día frijoles y tortilla, y a veces sólo tortilla, me angustiaba.

A esas edades, entre los 7 y los 10 años, una niña no sabe qué hacer con esa extraña sensación de que alguien omnipresente miente y controla nuestra realidad. La crueldad de la pobreza y la corrupción carece de significado ideológico en la infancia; por eso mismo tiene una gran carga emocional que genera brotes de inquietud. Al educarnos nos dicen que somos iguales, pero las diferencias fácticas se perciben abismales y las respuestas adultas nunca son suficientes cuando nuestros ojos núbiles miran el mundo y lo cuestionan. Algo intuimos, pero en las escuelas las maestras y maestros pasarán el resto de la vida enseñándonos a dudar de la sabiduría de la intuición. Ésa que en nuestra conciencia, alerta a la compasión humanista cuando nos preguntamos: ¿por qué esa otra persona debe vivir humillada en la pobreza, la violencia y la ignorancia?, ¿qué nos hace diferentes?

A esas maestras y maestros alguien les dijo en su infancia que así es el mundo; de un golpe aniquilaron a su intuitiva niña o niño que se negaba a creer a pie juntillas el discurso de la violencia. Algunas y algunos se sometieron al racismo, a la violencia física, al machismo y al sexismo, en tanto que otras y otros se convirtieron en ejecutores, en perpetuadores de "la única realidad mexicana".

Millones fuimos creciendo hasta comprender que los valores culturales son construcciones de la mente humana, que todo lo que se construye puede transformarse. Elegimos, o no, actuar en consecuencia. Por ello, pensar en perder la vida por defender un ideal responde no a una vacua idea heroica-sacrificial, sino a una convicción ideológica y, por paradójico que parezca, a un profundo amor y deseo de vivir felizmente y con dignidad.

Sin embargo, ni mi madre ni mis maestras y maestros del Colegio Madrid ultimaron mi intuición; por el contrario, la alimentaron y me enseñaron el camino de la filosofía, del debate, de la lectura. Descubrí la otredad y también mi derecho a vivir con dignidad, sin violencia. Aprendí a rebelarme en un México donde las mujeres que protestan no la pasan nada bien. Y la vida, con sus golpes paulatinos, me enseñó a taimar mis defectos y a cultivar mis virtudes.

Nunca fui miedosa. Como mi sobrino Santiago, nací con el arrojo de una navegante portuguesa que se adentra en el mar en busca de la vida. "*E se mais mundo houbera, lá chegara*" decía mi abuelo; "si más mundo hubiera, allí llegaríamos". De niña levantaba arañas patonas, escribía en cualquier papel en blanco y pintarrajeaba las paredes. A los 5 años, montada en un triciclo y vestida con una capa mágica al cuello, me lancé del techo del basurero del edificio para demostrar que podía volar. Un cóccix fracturado y el arraigo domiciliar de dos semanas me hicieron comprender que Aladino y su alfombra voladora eran puro cuento. Me despertaba en la noche y preguntaba a mi hermana Sonia si el "manto celestial" se nos podía caer en la cabeza mientras dormíamos. Y luego de que una monja me explicara que Dios estaba en todas partes y todo lo veía, pregunté a mi madre cómo hacer para enviar una carta al Ser Supremo con la finalidad de pedirle que cuando yo fuera al baño cerrara los ojos, porque me incomodaba que me espiara en semejante condición.

Sus amigas decían a mi madre que no debía educarnos así, inadaptadas sociales, rebeldes, enfrentándonos al dolor social desde la infancia y respondiendo a todas nuestras preguntas —desde sexualidad hasta abusos de poder— como si fuésemos adultas. Ella alegaba que ser madre no es convertirse en propietaria, sino en guía y responsable de seres humanos que deberán dejar el nido y salir eventualmente al mundo. "Las hijas y los hijos son prestados, no tu propiedad, son seres humanos en formación. Prefiero criar una tribu de mujeres y hombres inadaptados, antes que un puñado de personas mediocres", argumentaba frente a nosotras. Su pasión era portuguesa como la de su padre y sus convicciones sólidas como catedrales.

Mi madre confiaba en nosotras; por eso, cuando yo era niña y le preguntaba por qué hay mucha gente pobre, niños que viven en basureros o niñas que cargan en sus rebozos a bebés fecundados por la violencia, ella respondía: "¡Es una injusticia, en verdad lo es! Por eso, porque ustedes pueden sufrirlo y entenderlo, porque tienen el privilegio de la educación y de ingerir tres comidas al día, tienen la obligación de prepararse para que las cosas cambien en su país".

A veces dejábamos de preguntar, pues imaginarse cómplice de la tragedia nacional no es un concepto asimilable para niñas púberes. Yo prefería ir a La Casa del Lago de Chapultepec a mis clases gratuitas de pintura e imaginar universos dulces e idílicos en acuarela, para luego armar casas de campaña en el patio de la casa donde inventaba, con mis amigos, expediciones a Egipto en busca de tesoros perdidos de la faraona Jotchitsup.

Años más tarde, mi madre me invitó a participar con ella en trabajos con grupos adolescentes; me rebelé ante tanta incertidumbre. Amaba el Colegio Madrid y su ambiente liberal, donde se podían debatir ideas y no someterse a los designios patriarcales de las mujeres sumisas y artificialmente bellas. Igual aborrecía las matemáticas y las materias que no me parecían útiles. Me daba lo mismo reprobar que aprobar prefería la literatura, escribir cuanto sucedía a mi alrededor y jugar basquetbol. Conservo a mis amigas y amigos del alma de esa época.

Mi madre me insistió en que entrara a estudiar artes en la Casa de la Cultura de Mixcoac. No teníamos recursos para más, así que pasaba algunas tardes en talleres de literatura, de poesía, de pintura y cursos de historia con el doctor Ballester, fundador del Centro Cultural Helénico. Gracias a él conocí la rebeldía de

Aspasia de Mileto y soñé con viajar a Grecia y caminar tras las huellas de Pericles.

Años más tarde, mi madre fundó una organización para el desarrollo de las mujeres y con mis hermanas participé en diplomados para convertirme en tallerista. Un día me fui a París a recuperar el idioma de mis ancestros y gané dinero limpiando casas. A los 23 años, luego de estudiar, viajar y trabajar, decidí irme sola a vivir frente al mar, a contactar a la marinera que llevaba en el alma, esa de la que mi abuelo Zeca me habló tanto. Cancún parecía un paraíso intocado, *terra incognita*, un edén sin manzanas.

El edén sin demonios

Había conocido el mar de Cancún años atrás en un viaje, cuando aprendí a bucear a los 17 años, y de inmediato me enamoré del mar y la selva. Me prometí algún día quemar mis naves e irme al trópico. No tuve naves para chamuscar, más allá de un novio inglés que no compartía mi sentido de la aventura, pero igual tomé mis bártulos y me lancé a una vida nueva.

Quería escribir frente al mar, navegar, conocer y comprender el mundo. Deseaba hallar paz interior en el fondo del mar mientras buceaba. Acababa de recibir mi credencial como buza certificada con los amigos de mi hermano Óscar. Tenía permiso de un puñado de biólogos marinos para adentrarme en el silencioso mundo submarino, para amar el planeta desde su líquido vital. Llegue al paraíso, decían algunos; la paz para entender la vida y sus milagros, para escribirlos… decía yo.

Cancún tenía 12 años de haber sido fundada. Era una sociedad eminentemente masculina, habitada por obreros e ingenieros, lo cual fomentó también una comunidad superficial y medianamente prostituida. Se creó para atraer inversión y dinero, sin planeación cultural y educativa. Las mujeres fueron llegando después para adaptarse a un mundo raro. Sin hospitales, ni escuelas, con cantinas y prostíbulos. Y la capital, Chetumal, cargada de una historia de ciudad fronteriza, corrupta, fundada por contrabandistas y filibusteros, de quienes surgió la clase política. Eso explica mucho por qué Cancún es lo que es. Aunque luego llegaron empresarios de todas partes, unos de bien y otros a lavar dinero con sus inversiones, a huir de una realidad o de un pasado indeseable.

Un par de meses luego de llegar comencé a escribir historias: piezas acerca de cultura para diarios locales. Más tarde conocí a quien se convertiría en mi gran amiga, Lía Villalba, casada con un hotelero. Lía y sus amigas estaban ávidas de cultura, de integración social, de buenas escuelas para sus hijos e hijas pequeñas. Organizamos la primera conferencia de mi madre en Cancún referente a sexualidad, relaciones de pareja y derechos de la mujer.

Poco tiempo después conocí a Salvador, un hombre que luego de trabajar como exitoso dentista en la ciudad de México, también quemó sus naves para seguir su sueño de la adolescencia: ser marinero. Con él aprendí a navegar y ambos nos graduamos como marineros para hacer rutas de navegación. Nos prometimos dar la vuelta al mundo en un velero. Me convertí en una marinera experimentada, aprendí a arponear peces para alimentarnos cuando salíamos a alta mar en el velero de un amigo. Hicimos múltiples viajes por las islas del Caribe, veleando en un Irwin de 38 pies con otra pareja. Yo fui siempre la cocinera oficial y aprendí a respirar profundamente, mientras mi cuerpo se congelaba de miedo en medio de una tormenta, y juntos huimos en el barco de nuestro amigo Pepe de unos piratas modernos frente a las costas de Belice. El resto de los viajes fueron apacibles y llenos de amor y goce. Yo empacaba dos maletas: una pequeña con mis bikinis y un poco de ropa ligera, y una grande con libros y cuadernos para leer, escribir y dibujar.

En el primer viaje largo, desde Miami hasta Río Dulce en Guatemala y de allí hacia las islas Caimán, una tarde pasamos nadando con snorkel casi cuatro horas. Mientras flotábamos en las tibias y apacibles aguas caribeñas no me percaté del dolor físico. ¡Era tan apasionante la vida marina!, las familias enteras de tortugas y los delfines. Al llegar de vuelta al barco, mis piernas se entumieron de tal forma que ni siquiera podía estirar los músculos para aliviar el dolor de los calambres.

La noche del 16 de diciembre de 2005, durante el viaje de mi secuestro legal, los judiciales me preguntaban si sabía nadar y uno de ellos insistía en que me arrojarían al mar cuando llegáramos a Champotón, Campeche. Yo sentía las piernas paralizadas, entumidas por la adrenalina y el cansancio; el dolor me llevó a recordar aquel viaje en velero.

Mientras los policías judiciales hacían bromas entre ellos acerca de mi lanzamiento al mar, una mezcla de emociones inundó mi alma. Sí, sí puedo, pensé. Como aquel día en el velero cuando fui capaz de nadar cuatro horas. Pero estaba enferma, saliendo de una bronquitis infecciosa, la fiebre no me dejaba en paz, y en una batalla campal entre la esperanza de sobrevivir y mi mente alertada por el miedo, me imaginaba primero fuerte y resistente, nadando, mirando a lo lejos tierra firme, alejándome de los judiciales, sana y salva, pidiendo ayuda a unos pescadores nocturnos. Empero, luego intuía las piernas acalambradas e inútiles, hundiéndome en el mar irremediablemente agotada.

Militancias de la vida

Salvador y yo pasamos 13 años casados. Durante ese tiempo escribí historias referentes a las mujeres de la zona maya del sureste mexicano. En 1988, mi madre me presentó a una amiga entrañable, Esperanza Brito de Martí, una vieja extraordinaria, amorosa y sabia. Tomé un café con ella, le platiqué que había seguido algunos cursos de periodismo y varios talleres de literatura, que era más bien autodidacta, pero quería convertirme en una verdadera periodista. Esperanza se rio de mí, con un sentido del humor ácido que con los años aprendí a comprender y a gozar; entonces me pidió que le escribiera un texto en el cual explicara por qué no podría yo ser una buena periodista autodidacta. Mientras Esperanza dirigió la revista *FEM*, escribí en ella.

Cuando la generación de mi madre se descubría y "salía del clóset" como feminista, en la década de los setenta, Alaíde Foppa y otras amigas suyas fundaron la revista *FEM*. Yo la descubrí en secundaria y al leer los textos entendí que esas mujeres expresaban exactamente lo mismo que yo sentía; supe que había otra tribu, más allá de mi familia, a la cual yo podía pertenecer y con la cual tendría la libertad de elegir, de pensar y recrear el mundo. En esa época nunca imaginé tener el privilegio de que mis palabras se cobijaran entre las de mis maestras, bajo las alas cálidas de mujeres como Esperanza, Alaíde, Marta Lamas o Marcela Lagarde.

En 1989 conocí a la periodista Sara Lovera, la maestra de toda una generación de mujeres periodistas de provincia y fundadora de *La Doble Jornada*, el primer suplemento feminista en México publicado en un diario de circulación nacional. Controversial, apasionada, a ratos intolerante y gruñona, Sara fue mi maestra primero y mi amiga después. Tomé talleres y diplomados de periodismo de investigación, crónica y reportaje. Me hallé en casa al conocer a muchas periodistas que al mismo tiempo eran activistas de los derechos de las mujeres. Comencé a publicar en medios nacionales antes de atreverme a iniciar mi columna de opinión en *La Crónica* de Cancún, un periódico dirigido por Fernando Martí, el hijo de Esperanza.

A partir de esa primera columna, jamás, ni un solo lunes, dejé de escribir. Aunque eventualmente, al desaparecer *La Crónica* (por un arrebato hostil del entonces gobernador vinculado con el narcotráfico, Mario Villanueva Madrid, hoy preso con el número 1 074 en el penal del Altiplano) recorrí con los años las redacciones del *Novedades*, el *Por esto!* y *La Voz del Caribe*.

Posteriormente escribí artículos para la *Doble Jornada* y revistas feministas, publiqué un libro de poemas y, cámara en mano, salía a entrevistar a la gente para entender cómo se vivía en un paraíso inventado como Cancún.

En 2003, junto a Sara Lovera y Lucía Lagunas de México, Mirta Rodríguez Calderón de Cuba y Rosalinda Hernández y Laura Asturias de Guatemala, fui cofundadora de la Red de Periodistas de México Centroamérica y el Caribe. Poco a poco, ésta se convirtió en una red internacional de periodistas dedicadas a analizar el mundo desde la perspectiva "de género". A partir de su creación, fui corresponsal de la agencia de noticia CIMAC y me sumé a una nueva familia de mujeres y hombres que compartimos —hasta la fecha— el sueño de dedicarnos a un periodismo ético, profesional y no sexista.

Aprendí a combinar mi trabajo periodístico y de activista con una vida que me diera equilibrio espiritual. Al mismo tiempo viajaba con Salvador en el pequeño velero. Eso me permitía perderme en la literatura, escribir mis diarios y adentrarme en el conocimiento budista. Meditaba mañana y noche y aprendí a trabajar mis emociones de una manera complementaria a la que mi progenitora me enseñó, pues con mi madre psicóloga aprendí a cuestionarlo todo, a analizarme y a aceptar mis emociones para transformarlas. Este acercamiento al budismo me enseñó nuevas maneras de dar estructura a mi paz interior. Además de análisis político, comencé a publicar una columna periodística sabatina.

Hice un reportaje sobre VIH-sida y entrevisté a un grupo de jóvenes *seropositivos* que me pidieron que contara la realidad de los maltratos institucionales a las personas con sida. Lo hice y al adentrarme en las entrañas del monstruo del miedo, la enfermedad y la discriminación, les acompañé junto a mi gran amiga Lía a formar una organización civil. Conseguimos un edificio abandonado y lo transformamos en el primer hospicio para personas seropositivas. El paso por ese mundo de paradojas, dolor, discriminación y muerte me cambió la vida.

Lía y yo aprendimos lo relacionado con primeros auxilios y en nuestros brazos fueron muriendo varios jóvenes que habitaron mi corazón con su dulzura y su coraje. Una tarde supe que Carlos sería el último muerto que tendría en mis brazos, dejando frente a mis pupilas temblorosas la abrumadora presencia de la muerte. Decidí buscar la vida, explorar el mundo de la prevención del contagio, escribir lo atinente a él y buscar la luz entre tanta oscuridad.

Entré a un programa de las Naciones Unidas, fui a Nueva York con un proyecto de la Agencia de la ONU para la Mujer (UNIFEM). De allí viajé a Senegal, África, y de pie en un orfanato de cientos de niñas y niños huérfanos con sida, mis pies sintieron el peso de la vida y las consecuencias de la muerte y el silencio. Entonces decidí andar ese camino para explorar la tragedia de la pandemia. Nunca he perdido esa singular pesadez que me dejó en el cuerpo la imagen apocalíptica de cientos de pupilas infantiles que me escudriñaban, buscando en mí acaso el rastro de una madre muerta, los brazos cálidos de un padre fallecido. Persiste en mí el singular aroma que emana de la piel de las criaturas que estiraban los brazos añorando el calor afectuoso de alguien que no los despreciara; "un beso, un beso" pedían a quienes visitábamos su hospicio de techos de lámina, bajo el ardiente sol del África subsahariana.

Escribí reportajes y artículos, hice programas de televisión y de radio, a la vez que viajé por varios países y por el mío, escuchando las historias de miles de mujeres sometidas bajo el yugo del virus de inmunodeficiencia humana. Nunca me sentí más conmovida e inútil a la vez que cuando, al estar en el Salón General de la ONU, expliqué la situación de las mujeres y niñas con VIH-sida en México. Volví otras veces al edificio neoyorkino donde se negocia la dignidad de las naciones y la miseria de sus habitantes. Y me sentí más vacía que antes. Hablar y escribir tanto ¿qué aporta más allá de alimentar mi ego al ver publicado mi nombre? Volví otra vez los ojos a Cancún.

Refugiadas de la violencia

Con mi madre pasé incontables tardes en la elaboración de planes para crear una organización de mujeres que fuese horizontal, que nos permitiera crecer, hacernos fuertes y ayudar a otras mujeres sin convertirnos en víctimas del sistema político y del orden machista patriarcal. Al poco tiempo, la organización de mujeres comenzó a dar frutos, algunos hombres se fueron sumando y el sueño se hizo realidad.

Un grupo de amigas entrañables, mujeres que creíamos en otro mundo posible, fundamos una organización denominada Estas Mujeres, A.C., donde impartíamos talleres sobre derechos civiles y equidad. Nuestro grupo feminista tuvo éxito, Bettina, Celina, Miren, Mariarosa, Priscila, Guillermina y yo éramos "las únicas locas del pueblo" que hablábamos de la equidad de género y de la rebelión de las mujeres contra la violencia en Cancún. María Rosa Ochoa, columnista de cultura y actriz de teatro, propuso que hiciéramos un programa de radio llamado "Estas Mujeres". Realizamos el proyecto durante años con gran éxito. En él llamábamos a las mujeres a defender sus derechos. Invariablemente ellas hablaban de la violencia que sufrían como un obstáculo para trabajar, para ser libres, para ser felices.

Yo trabajaba como editora de la revista Cancuníssimo. Con mi socio, Vicente Álvarez, decidí crear una revista para que las mujeres pudieran hablar acerca de esos temas. Para probar comencé con un suplemento en un periódico local llamado *Esta Voz es Mía*, y al ver su éxito nos lanzamos a la aventura de crear una revista llamada *Esta boca es mía*. Poco después teníamos un programa en la televisión local con el mismo nombre, el cual alcanzó un gran éxito regional. Rompimos los paradigmas: ¿un programa feminista en Televisa? Sí. Un éxito hasta que cinco años más tarde, en 2004, el propietario de la concesión de la televisora canceló el programa porque "consideraba obsceno" que habláramos abiertamente del condón femenino y del punto G.

Las mujeres maltratadas llegaban a la estación de radio y de televisión a pedir ayuda. Entonces las mandábamos al Ministerio Público, pero eran rechazadas. La autoridad decía que no se podía hacer nada porque la ley establecía que golpear a la esposa no era delito si las heridas sanaban antes de 15 días. Así que volvían a la radio y contaban el maltrato de la Procuraduría de Justicia. Nosotras formalizamos el grupo y decidimos trabajar en la transformación de las leyes para que la violencia contra las mujeres se tipificara como delito. Nos tardamos más de 10 años en lograr que las diputadas y los diputados discutieran la ley. Hasta mediados de 2007 se logró aprobar la *Ley General de Acceso a las Mujeres a una Vida Libre de Violencia* en Quintana Roo.

A falta de instituciones, las víctimas acudían a nosotras a partir de la difusión que hacíamos en prensa y televisión. Así que una tarde, al hablar con esas mujeres decidimos abrir un espacio formal para proteger a las víctimas. La experiencia del albergue para seropositivos fue la base para crear otra asociación civil.

Una dramática experiencia cambiaría para siempre mi percepción de la violencia de género. De regreso de un viaje de trabajo de Guanajuato, al llegar a la estación de camiones, un hombre rubio y delgado pero fuerte se metió en el baño de mujers. Cuando salí del retrete para lavarme las manos, me asaltó inmovilizándome, me atacó, me violó y me dejo tirada por muerta. Finalmente me atreví a llamar a mi madre y entonces me llevaron a un hospital en la ciudad de México: tenía rotos algunos huesos, dislocados el brazo y la cadera y fracturadas varias costillas. Eso lo supe hasta llegar al hospital; ni yo misma pude explicar a la doctora cómo en ese estado salí caminando; conocí el poder de la adrenalina y la voluntad de sobrevivir.

Luego del hospital pasé todo el proceso con mi familia y tuve una de las epifanías más poderosas de mi vida. Entendí la importancia de las redes de apoyo incondicionales —como lo eran mi familia y mis amigas y amigos más cercanos.

La experiencia fue durísima. Entre otras cosas, descubrí que era muy soberbia cuando al entrevistar a la gente que había sido víctima de violencia, me atrevía a pedirles que desnudaran su alma. Cuando la vida me puso en su lugar, creí que yo debía hacer lo mismo… atreverme. Fue una de las grandes lecciones de humildad de mi existencia. Llegó a mis manos una estadística de la ONU que revela que cada 18 segundos una mujer o niña es violada en México. ¿Qué de especial tenía yo?, ¿acaso que soy una periodista conocida en mi ciudad? No, soy sólo una mexicana más que trata de sobrevivir en su patria. Ni yo, ni ninguna otra persona merece ser víctima de violencia.

Pasó el tiempo y, aun con el brazo en un cabestrillo y algunos huesos rotos a punto de sanar, volví a Cancún. Mientras tanto, mi matrimonio de 13 años estaba a punto de terminar, por la divergencia de intereses. Habíamos crecido en direcciones opuestas, por lo cual nos separamos unos tres meses después. Me salí de casa y comencé a vivir en un pequeño departamento que había sido mi estudio por años. Poco a poco reconstruí mi vida sola. Estaba feliz, sentía que podía hacer todo lo que quería sin preocuparme. Encontré nuevas fortalezas; me descubrí enfrentando mis miedos y transformando la angustia en proyectos y acción positiva.

Finalmente abrimos el centro de atención a víctimas y el refugio de alta seguridad. Mis amigas con quienes planeé todo, justo cuando ya teníamos la casa para adecuarla, se retiraron. Dijeron que no podrían con eso, que tenían familia, que la atención directa a víctimas no era lo suyo. Entonces hablé con mi madre. "El proyecto es indispensable —me dijo—, llegarán las mujeres" cuyo destino era ser parte de esta misión. Y poco a poco llegaron personas extraordinarias que han construido una organización fuerte, sólida y profesional en la que las mujeres y sus criaturas reconstruyen su vida y recuperan su derecho a soñar y a vivir con dignidad, una vida libre de violencia.

Al principio se sumaron Fernando Espinosa, director de Fundación Oasis, y Guillermo Portella, un hotelero español que convencido del proyecto aprobó donativos para que lográsemos abrir el refugio, además del centro de atención. El modelo de atención a víctimas que desarrollamos precisa de dos instalaciones. Un centro de atención externo, que es público, al que llegan las víctimas enteradas de nuestros servicios gratuitos, tanto legales y de trabajo social, como psicológicos y de seguridad. Además, contamos con un Refugio, una instalación de alta seguridad fuera de la ciudad, en la que las víctimas y sus hijos e hijas, cuyas existencias corren peligro, pueden alojarse entre tres y cinco meses mientras se les ayuda a resolver su problemática y, en un espacio seguro, a elaborar planes para rehacer su vida.

Contacté entonces a Claudia, psicóloga y feminista; a Emma, trabajadora social; a Magdalena, jefa de enfermeras; y a Irma, dulce y animosa administradora. En una pequeña casa abrimos el centro de atención a víctimas con base en un modelo de refugio estadounidense. Cuando empezamos a comprender que muchas de las víctimas que nos pedían ayuda y protección estaban casadas o emparejadas con hombres vinculados a las fuerzas policiacas o a sindicatos como el de taxistas (que forman redes de protección entre ellos), comencé a utilizar mis habilidades de reportera investigadora para saber a quién nos enfrentaríamos. Al poco tiempo desarrollamos un modelo de seguridad e investigación con las víctimas y con las redes sociales.

Unas son víctimas de hombres de gran poder, de narcotraficantes u hombres vinculados con el crimen organizado y trata de mujeres o de menores, y otras víctimas de obreros, hombres de clase media, de campesinos o albañiles, de empresarios o políticos machistas.

Durante un encuentro nacional de derechos humanos conocí a Alicia Leal y su equipo de Alternativas Pacíficas de Monterrey, Nuevo León. Ellas habían abierto el primer refugio de alta seguridad para mujeres víctimas de violencia en México. Entonces me invitó a unirme a un pequeño grupo que intentaba crear una red nacional de refugios para proteger a las mujeres de todo el país. Y nos unimos.

Las circunstancias me obligaron a asumir la dirección del CIAM, pues nadie quería el puesto. Comencé a leer libros acerca de criminología y victimología, me capacité mientras dirigía una revista y con mi salario como periodista pagaba parte de los gastos de la institución. Poco a poco, amigos periodistas y empresarios se convirtieron en padrinos de los sueldos de las colegas; sin embargo, Hacienda no nos aprobaría la deducibilidad hasta que la asociación civil cumpliera dos años de trabajar consistentemente en atención a víctimas y pudiera demostrarlo. En nuestros planes estaba lograr lo que en otros países era una realidad: que el Congreso asignara recursos públicos para solventar parte del costo de operación; después de todo, proteger a las víctimas es responsabilidad del Estado y los organismos civiles desempeñan un papel de corresponsabilidad en el mejoramiento de las condiciones de vida de las y los ciudadanos. Las políticas públicas contra la violencia eran nuestra meta.

Así, comencé a estudiar la historia de los refugios para mujeres maltratadas en otros países. Encontramos una gran cantidad de mujeres asesinadas por su pareja, incluso a la puerta de los refugios, cuando los agresores descubrían la ubicación de la instalación, lo mismo en Estados Unidos que en España y que en el Distrito Federal. Decidimos crear un sistema de investigación para intentar ir un paso adelante de los agresores y con mi trabajo periodístico denunciaba los actos de corrupción de las autoridades judiciales y de los agresores. Lo hablé con el equipo y todas coincidieron: la construcción de la paz pasa por enfrentar la más cruda de las violencias, para lo cual necesitábamos contar con estrategias pacíficas, inteligentes y novedosas, pero sobre todo profesionales.

Cuando cumplí 37 años y todo lo que había aprendido en el periodismo y en el activismo de derechos humanos se conjuntó: las piezas del rompecabezas se ajustaron, hacían sentido. Estaba preparada para la tarea o al menos eso creí.

Tejimos redes internacionales, de capacitación, de protección y de información, redes solidarias que podrían salvarnos de amenazas y peligros. Mi entrañable amigo, el periodista Ricardo Rocha, me dijo una tarde en Cancún, luego de conocer el refugio CIAM: "Un buen reportero debe investigar cada historia como si fuera la última de su vida". Con esa regla de oro investigamos cada historia de violencia de las mujeres a quienes protegemos. Setenta casos peligrosos son atendidos por nuestro equipo cada mes, mientras la sociedad en general vive en la negación de la magntud del problema. A lo largo de los años hemos logrado que veintenas de criminales, pederastas, violadores y feminicidas potenciales paguen por sus delitos y, lo más importante, que las y los sobrevivientes de esas violencias reconstruyan su vida sin miedo a perderla por atreverse a decir "basta ya".

Entre las estrategias de seguridad instalamos cámaras de video digital con grabación las 24 horas alrededor del lugar con el fin de registrar cualquier atentado o amenaza, para grabar a los agresores. Luego de las primeras amenazas de muerte de un traficante de armas de Torreón y "madrina" de la Procuraduría de Nuevo León, compramos una grabadora telefónica especial para grabar las amenazas y poder aportar pruebas a las autoridades. Ambos casos los denunciamos ante la Procuraduría General de la República (PGR) y ante la Subprocuraduria de Delincuencia Organizada (SIEDO), lo mismo hice cuando, años después, a fines de 2003, Jean Succar Kuri me amenazara por teléfono.

Estuve en refugios similares al nuestro en Nueva York y España; poco a poco desarrollamos un modelo de atención tropicalizado a nuestra realidad, nada parecida a la de esos países, por los niveles de corrupción y la falta de institucionalidad de la justicia mexicana. Sabíamos qué se hacía en Torreón, en Aguascalientes y, en la ciudad de México, lugares donde se habían abierto refugios para víctimas de violencia y la pasaban fatal: llegaban los agresores y las amenazaban de muerte. Lo mismo en Monterrey con Alicia Leal, en Chihuahua con la extraordinaria abogada Luz Castro, o en ciudad Juárez con Esther Chávez Cano y su Casa Amiga. Todas protegen a las mujeres de sus ciudades, pero se encuentran indefensas, abandonadas por el Estado, desconfiadas de policías corruptos y amenazadas por los agresores. Son organizaciones de mujeres y hombres que están transformando al país. Sin embargo el riesgo vale la pena para todas.

Vivíamos entre la luz de la esperanza y la voluntad para liberarnos de la violencia, y la oscuridad de la injusticia y los abusos del poder. Jesús, un terapeuta entrañable en quien cobijé mis angustias este último año, me aconsejó hace tiempo: "Debes aprender a llevar una linterna en la mano para iluminar el camino, y un cuchillo en la otra para defenderte y no dejarte cegar por la luz". Comprendí que ser pacifistas, trabajar para la eliminación de la violencia, no significa someterse, sino aprender a defenderse sin traicionar los principios.

El caso Succar habría de poner a prueba los principios en los que había fincado toda mi vida. Cuando llegaron los demonios, ya teníamos años construyendo las redes, macerando la experiencia y habíamos madurado para enfrentar el corazón de las tinieblas.

2

Niñas valientes, verdugos implacables

En octubre de 2003, Emma, la jovencita de cabello castaño claro y rostro núbil, buscó a su ex maestra Margarita y le pidió que la ayudase a denunciar a Succar Kuri por pornografía infantil y violación de menores. Por esa vía, Emma conoció a la abogada Verónica Acacio, presidenta de la organización Protégeme, A.C., quien aceptó representarla a ella y a otras niñas menores en la denuncia. El 27 de octubre, la procuradora de Justicia de Quintana Roo, Celia Pérez Gordillo, autorizó a la subprocuradora que se videograbara la plática entre Emma y Succar Kuri para obtener evidencias. En ella, Succar admitió que había violado a niñas de incluso 5 años de edad. Para entonces, el diario *Por esto!* de Quintana Roo había comenzado a ofrecer una cobertura completa y puntual del caso y a los pocos días le siguieron todos los medios del estado. El 29 de octubre, el magnate empresarial Kamel Nacif y sus abogados orquestaron la fuga de Succar Kuri, tras el aviso de que sería arrestado al día siguiente.

El 30 de octubre del mismo año, Gloria Pita, "La Ochi", esposa de Succar, llamó a Emma y a su madre para amenazarlas en caso de no retirar la denuncia en contra de su esposo. Con aval de la subprocuradora fueron grabadas dos llamadas telefónicas en las que Gloria admitía, clara y expresamente, tener conocimiento explícito de las actividades pedofílicas de su marido y de tener en su poder videos pornográficos de niñas con Succar Kuri. Entre esos videos, advertía Gloria, estaban los que muestran a Emma incurriendo en actos sexuales. La esposa del pornógrafo amenazó a la joven en el sentido de que si ella persistía con la denuncia, los videos serían exhibidos.

El 2 de noviembre, Emma denunció a Jean Succar Kuri ahora ante la PGR por cargos de pornografía infantil y por violación a ella desde los 13 años y de su hermanita y su prima de 8 y 9 años, así como a otras niñas de 6 años. En su declaración afirmó que Succar conectaba niñas de Estados Unidos para ofrecerlas a Kamel Nacif Borge, Miguel Ángel Yunes Linares y Alejandro Góngora Vera; la jovencita dijo además que Succar le aseguraba que tenía la protección política del reconocido político Emilio Gamboa Patrón y que eso lo hacía intocable. En esos días, luego de denunciar, la joven buscó a Óscar Cadena, quien años antes se hizo famoso con un programa de Televisa llamado *Ciudadano infraganti.* Emma pidió a Óscar que la entrevistara en su programa de TV local "Encadénate", pues temía por su vida como resultado de haber denunciado a su violador. Cadena transmitió la entrevista por televisión.

El 4 de noviembre otra menor declaró ante la PGR. La niña narró cómo desde los 6 años, Succar Kuri la violaba y hacía videos con ella. Una víctima más, todavía niña, declaró que cuando asistía al kínder conoció a Succar Kuri en casa de su vecina y que comenzó a abusar de ella a los 5 años. Otras tres menores, que no conocían a Emma, declararon días más tarde hechos similares. Ya era 7 de noviembre de 2003 cuando el Juzgado Tercero libró una orden de cateo en las Villas Solymar, propiedad de Succar. En las pesquisas apareció un sobre con un centenar de fotografías pornográficas de niñas mexicanas y extranjeras. En alrededor de 20% de esas fotografías aparecían niños varones, menores de 16 años entablando relaciones sexuales con niñas pequeñas y que eran abusados por hombres mayores. Según las autoridades federales, había 20 videos comprometedores filmados por Succar, que luego desaparecieron. Un año después, policías de Cancún los ofrecían a la venta en 40 000 dólares cada uno.

La situación para las víctimas se había tornado peligrosa, por lo cual me buscó Emma. Me pidió que la ayudase como periodista a contar su historia porque estaba amenazada de muerte. Más tarde aceptó ayuda de CIAM Cancún para ella y otras víctimas.

El 12 noviembre, la Interpol informó que había iniciado una investigación en contra de Jean Thouma Hanna Succar Kuri por "lavado de dinero" y que la investigación se extendía en al menos ocho ciudades turísticas del país, donde Succar también tenía residencias, tiendas de ropa, joyería, restaurantes y otras propiedades a su nombre. Poco a poco se develaban indicios de trata de menores para explotación en turismo sexual, al servicio de hombres de poder mexicanos y estadounidenses. Las niñas y jóvenes, sin comprender la magnitud de los hechos, narraban cómo Succar las había llevado a Los Ángeles y Las Vegas, donde tuvieron sexo forzado con empresarios amigos del libanés. También explicaron que otras niñas estadounidenses eran llevadas a Cancún para ser explotadas; sin embargo, nadie sabía de su paradero final. Entre las fotografías pornográficas rescatadas por agentes federales se puede ver la de una pequeña de apenas 4 años de edad, rubia y con el cabello cortado al estilo Príncipe Valiente, amarrada de las muñecas y desnuda, y ante la criatura está el cuerpo desnudo de un hombre mayor de barriga contundente con el pene erecto frente al rostro asustado de la pequeña.

Ni siquiera los agentes federales saben cómo reaccionar frente a la repulsa emocional que les causan estas imágenes, ni ellos, los investigadores, pueden sustraerse de la sensación de miedo que genera semejante acto de crueldad. Todos, durante largas discusiones en búsqueda de hipótesis criminológicas, adjetivan al pederasta prófugo y a sus cómplices. Una suerte de hermandad nacida de la angustia por la brutalidad que revelan las evidencias va naciendo entre quienes investigan honestamente y quienes protegen a las víctimas. El miedo lo permea todo, nadie se salva, ni los más experimentados agentes del Ministerio Público federal. Yo vi a más de uno arrojar lágrimas de angustia y desolación ante la simple expectativa de que no se pudiese detener a esa red de pederastas. Todas y todos lloramos, algunas veces en silencio frente a frente, respirando para seguir en busca de pistas; otras en la soledad de nuestros hogares, preguntándonos qué puede mover a un hombre a destruir la vida de una criatura indefensa. Las preguntas eran incontables, las respuestas limitadas e infecundas. El único argumento que por mucho tiempo nos mantuvo inquebrantables era el recordatorio de la valentía de esas niñas y jovencitas. Si ellas, que habían salido de esos siete infiernos, eran capaces de seguir narrando su dolor, nadie tenía derecho a rendirse.

Emma y el depa

Una noche húmeda de noviembre de 2003, pasadas las ocho de la noche, salía de mi oficina cuando sonó el celular: era una señora que me conocía por el programa de televisión. Alguna amiga en común le dio el número de mi celular. Con voz angustiada me dijo que tenía un problema con una amiguita de su hija y que por favor acudiera a casa, pues no sabía qué hacer. Le pregunté si era una emergencia o podría esperar al día siguiente: me aseguró que era cuestión de vida o muerte. Subí a mi auto, tomé una libreta y una pluma y apunté la dirección.

Me dirigí a una zona de clase media de departamentos de interés social: edificios pequeños de entre seis y ocho departamentos, con una altura de tres pisos. La calle estaba oscura, era plena temporada de huracanes y había llovido. Los edificios idénticos hacían difícil localizar el número. Finalmente lo hallé en un muro deslavado. Antes de salir del auto marqué al celular de la mujer para avisarle que estaba abajo; observé a mí alrededor, saqué un gas lacrimógeno de la bolsa y lo llevé en la mano. Crucé la acera en medio de una oscuridad perturbadora, subí la escalera y al ver que ella me esperaba con la puerta abierta en el segundo piso del edificio, metí el gas en mi bolsa y la saludé.

Entré al departamento, donde me recibió con un beso y un gesto de angustia. Se trataba de una mujer delgada de unos 40 años, con cabello corto y peinado hacia atrás. La adornaba una mirada oscura y dulce, velada por la angustia. Portaba un vestido floreado de algodón y un suéter color rosa y delgado (es época de baja temperatura y la gente local usa suéteres y chamarras). El departamento era muy pequeño; lo primero que observé fue a dos jovencitas: la hija de la señora, una niña hermosa de cabello negro, parada a su lado, y sentada, en un pequeño sofá, a una jovencita rubia de facciones finas, con ojos castaños y la mirada enrarecida por el miedo y el sollozo. Esta última tenía la cara lavada y los ojos inyectados por el rastro del llanto; se apretaba las manos con angustia y me miraba azorada, escudriñándome sin decir palabra. La mujer me dijo: "...pues ella se llama Emma y le expliqué que yo te conozco, que tienes un programa de televisión y que ayudas a mujeres maltratadas. Ella te ha visto en la televisión y me pidió que te llamáramos porque necesita ayuda. Por favor, si necesitas algo me avisas". Me ofreció un vaso con agua, me lo entregó apresurada en las manos y, abrazando a su hija, se perdieron tras la puerta de una habitación.

La joven se encontraba en crisis. Estalló en llanto y comenzó a decir que vivía desesperada y que por favor la ayudara. La televisión estaba encendida en la cocina y en ella pasaban una telenovela. Las dos nos hallábamos en un silloncito junto a la ventana. A una distancia de metro y medio está la pequeña cocina y colgado del techo el televisor. Yo quise apagarlo cuando ella empezó a hablar, para concentrarme en lo que habría de contarme, pero reaccionó abruptamente; me dijo que no lo hiciera, que necesitábamos tener el televisor encendido porque en el noticiero de López Dóriga iba a salir algo sobre su caso. Hablaba atropelladamente. Me contó que había denunciado a su violador. Recuerdo con claridad en el fondo el inquietante ruido de la televisión.

La joven aniñada empezó a explicarme de manera desarticulada su historia. Primero narró que cuando tenía 13 años, una amiguita la invitó a conocer a un señor que era muy buena gente, que las invitaba a nadar en su hotel, en sus villas en la zona hotelera, que era un hombre muy rico, a quien apodaban "el Johnny" y que además tenía tiendas de joyas, de ropa, que les daba regalos y que les compraba cosas para la escuela, libros y ropa fina... Entonces la amiga la llevó con él y resultó que el hombre las utilizaba sexualmente y les daba dinero. Emma iba y venía de un suceso al otro, desordenadamente, como quien está harta de contar la historia. Se notaba muy asustada y a ratos lloraba. Comenzó a temblar y a decir que no confiaba en nadie, que se iba a volver loca y que tenía mucho miedo.

Yo intenté darle contención y quise sacarla mentalmente de la historia que la angustiaba. Le tomé las manos y le pedí que respirara con lentitud y que tomara un poco de agua. Le dije mi nombre y le expliqué que yo imaginaba que era muy difícil lo que estaba viviendo. Ella me respondió que sabía que yo había escrito algo en el periódico sobre su caso y que la había defendido. Me preguntó por qué lo hacía, a pesar de no conocerla. Le expliqué que era una joven muy valiente y que la manera como algunos periodistas habían tocado el tema era muy grosera. Insistí en explicarle por qué ella no era responsable de los hechos: "Lo que te sucedió es un delito cometido por un hombre adulto contra una menor. La ley te protege", dije, conociendo el peso de mis palabras. Yo me había enterado del caso por los medios locales, tras lo cual simplemente había hecho lo que era mi especialidad: una columna de opinión en la cual analizaba los derechos humanos de las víctimas de abuso sexual. "Miles de mujeres sobreviven esto y pueden volver a ser felices" dije, mirándola a los ojos.

Enseguida Emma se fue tranquilizando. Una sutil sonrisa escapó de sus labios y tiñó sus mejillas de un velo carmesí. De pronto comenzaron los avances del noticiero de Joaquín López Dóriga. Como una gacela a punto de la huida tornó su mirada hacia el televisor. Los avances en voz del locutor anunciaron la primicia de un escandaloso video en que aparecería la confesión de un pederasta. La jovencita se transformó, comenzó a pedirme angustiada que llamara al noticiero y detuviera lo que estaba a punto de salir, pero yo no comprendía de qué hablaba. "Tú que eres periodista ¡por favor llama a López Dóriga, llámalo para que no pase el video!", decía reiteradamente: "¡Me van a matar, me van a matar!; por favor, detenlos. No sabes quiénes son ellos", espetó en un ataque de angustia. Efectivamente, yo no sabía quiénes eran esos fantasmas a quienes la joven temía con el fervor de quien huye de la muerte anunciada.

En el noticiero pasaron la nota sobre Succar y una parte del video en que, con toda parsimonia, el hombre confiesa cómo viola a las niñas de 5 años. En ese instante timbró un celular. Ambas nos sobresaltamos con el sonido. La joven miró el aparato y se le contrajo el rostro con una máscara de terror. Contestó, se me acercó para que escuchara con ella y me dijo bajito, tapando el micro del celular: "Es el hijo de Johnny". Entonces la voz de un jovencito empezó a insultarla: "Pinche Emma, estoy viendo en la tele lo que le hiciste a mi papá, o te retractas o te voy a matar". El joven colgó el teléfono y ella entró en crisis otra vez. Se me recargaba y yo tranquilamente la abracé, tratando de entender el nivel de peligrosidad en que ella estaba y en el que estaríamos quienes nos disponíamos desde ya a ayudarla.

Le pregunté acerca del hijo de Succar. Ella me aseguró que siempre va armado, que es estadounidense, que vive en California, muy cerca de Los Ángeles, que ella sabía que podía matarla y que era capaz de eso y más. "¿Por qué te va a matar?" le pregunté. Empezó a hablar, sin parar, de los amigos poderosos de Succar Kuri. Políticos con picaporte en la Presidencia de la República, diputados, gobernadores... sus palabras remontaban al ritmo de quien construye una escultura capaz de revelar la imagen misma del poder total. De pronto se detuvo y entonces le pregunté respecto a su madre. Cambió su voz y en el rostro se pintó la tristeza; me contó que su mamá era alcohólica y muy pobre, que vivía con su padrastro, quien era mecánico, y que no entendían nada, ni sabían bien a bien la verdad. Mirándose las manos que estrujan un trozo húmedo de pañuelo facial, dijo que su madre es muy ignorante y que estaba enojada y asustada.

De repente empezó a temblar y a decir que iban a encontrarla y que a lo mejor la estaban escuchando. Me dijo: "Necesito que me ayudes porque tú eres periodista, con tu programa podemos decir la verdad. Si no, me van a matar. Y van a matar a mi mamá y a mi hermanita, a mí y a mis primas, porque ya declaramos". Insistía repitiendo las frases una y otra vez, bajando la voz, como si al decirlas perdieran peso y significado.

En la pantalla seguía el programa de López Dóriga y volvieron al tema. Le pregunté: ¿Eres tú la que está frente a él?". Respondió que sí. Volvió a llorar al ver su imagen en la televisión. "Páralo, páralo, por favor háblale a alguien", y me daba el teléfono. "Páralo, diles que ya lo paren" lloraba. "Yo no tengo ningún poder para parar un programa en Televisa; ninguno" insistí, pero no dejaba de rogarme, por lo cual tomé mi celular y marqué a Ernestina Macdonald, la corresponsal de Televisa en Cancún, y le dije: "Ernestina, ¿sabes si van a sacar más videos de Emma y Succar en el noticiero? ¡Por favor, no saquen el rostro de ella, porque es muy peligroso!" Ernestina, muy fría, me respondió: "No, no sale el rostro de la niña, sólo el del violador". Fue la primera vez que vi el video; al escuchar ciertas frases perdí el aliento, el ácido subió por mi esófago y la boca se me secó de inmediato. Miré a la joven, pero no podía siquiera imaginar cómo se sentía ella. Sus ojos quedaron fijos en la pantalla y ambas escuchamos en silencio. La joven estrujaba sus manos como queriendo arrebatarles una suciedad inexistente. Entonces noté un vacío en mi estómago, una racha helada recorrió mi cuerpo y de reojo la miraba preguntándome: ¿cómo pudo sentarse a grabar a su verdugo con semejante arrojo? La admiré y me conmovió su valor.

El video fue grabado en el jardín de un restaurante del centro de la ciudad. El sonido es muy claro, las imágenes del rostro de Jean Succar Kuri se observan mientras él habla, bebe un jugo y juguetea con el popote; ocasionalmente sonríe cuando habla. Pocas veces se ve el rostro de la entrevistadora. Se escucha su voz nerviosa, que denota la ansiedad de la víctima que se expone ante su agresor con la finalidad de obtener pruebas, en este caso una confesión tácita. Emma lo consigue al final del diálogo filmado:

> Succar: Lesly fue a mi casa desde los 8 hasta los 12 años; Lesly se bañaba conmigo, estuvo conmigo mucho tiempo, dormía semanas enteras conmigo y jamás le hice nada.
>
> Emma: Pero la besabas y la tocabas.
>
> Succar: ¡Te estoy diciendo que eso está permitido!, porque ése es el riesgo de ir a casa de un pinche viejo que está solo, es parte del riesgo; los papás nada más decían: "Me cuida a mi hija, me cuida a mi hija". Eso está permitido; por ejemplo, yo le digo a Lesly: "A mí tráeme una de 4 años" y si ella me dice: "Ya está cogida" y yo veo si ya está cogida, veo si le meto la verga o no. Tú lo sabes que esto es mi vicio, es mi pendejada y sé que es un delito y está prohibido, pero esto es más fácil, pues una niña chiquita no tiene defensa, pues la convences rápido y te la coges. Esto lo he hecho toda mi vida, a veces ellas me ponen trampas, porque se quieren quedar conmigo, porque tengo fama de ser un buen padre...

Yo en realidad no sabía qué decir. Era mucha información brutal. Ya entrada la noche yo quería huir, salir corriendo, pero intenté concentrarme: "Dios —pensé—, ¿cuántas niñas son?, ¿dónde están?" Sin embargo, no era el momento para sacar a flote mis angustias, sino que la jovencita necesitaba ser escuchada y yo comprender la historia para ayudarla. Respiré profundamente e hice las preguntas que me llevaran a aspectos concretos, que nos sacaran del laberinto emocional de las descripciones crudas y violentas. Me así a toda mi experiencia como reportera: buscar la verdad, el fondo, no engancharse, conmoverse pero no engancharse, pensé, tranquilizando mi mente.

La joven me explicó que el material videograbado fue entregado a la Subprocuraduría de la zona norte. El subprocurador Miguel Ángel Pech Cen sacó copias y lo presentó a los medios de comunicación, cuando dio a conocer la investigación sobre la red de pornografía y prostitución infantil comandada por el empresario de origen libanés.

Pasamos un par de horas hablando. Ella repetía que había cientos de fotografías, veintenas de videos pornográficos de ella y de otras niñas hasta de 5 años. Yo sacaba fuerza de donde me era posible, registraba las historias y evitaba imaginar el dolor de las criaturas; en ese momento mi angustia personal no tenía cabida. Traté de explicarle estrategias para protegerse, con el fin de evitar que siguiera contándome toda la historia detallada, pues eso la llevaba irremediablemente a un estado de angustia irrefrenable. Le prometí que haríamos lo que ella quisiera. "Necesitamos recuperar a mi hermanita y a las otras niñitas, las encerraron en el DIF y están asustadas", dijo. "¿Por qué las encerraron?", pregunté extrañada. "Porque denunciamos y no quieren que estén con sus mamás. Leidy Campos, de la Procuraduría, dice que las mamás deben tener la culpa por no cuidarlas..., pero ellas no sabían nada, lo juro, lo juro", insistía con los ojos vidriosos y húmedos. "El Johnny nos grababa la primera vez y nos mostraba los videos. Una vez que entrabas en su red ya no podías salirte". Años más tarde se comprobaría cuántas niñas y niños guardaron silencio por las amenazas de Succar.

Pregunté a Emma si podía quedarse a dormir en ese departamento, para que estuviera segura y que al día siguiente fuera a mis oficinas, donde haríamos un plan para rescatar a las niñas y proteger a sus familias. Dijo que sí.

Toqué la puerta de la habitación de la señora, quien se levantó y le expliqué casi en un susurro que todo saldría bien. Me abrazó y me preguntó al oído si creía que de veras pudieran matar a la jovencita. Le dije que no lo sabía y tendríamos que investigar mejor, pero en su casa estaba segura. "Es una buena niña —dijo—, pero ha sufrido mucho."

Salí del departamento, monté a mi camioneta y puse un CD de jazz; subí el volumen, escuché la voz sedosa de *Sade*, respiré profundamente e intenté tranquilizarme camino a casa.

Al día siguiente me levanté a las cinco de la mañana, tomé un vaso grande de jugo de naranja y salí al balcón. La hermosura del paisaje contrastaba con las historias del paraíso que acababa de descubrir. Tendí mi tapete de yoga e hice ejercicio durante más de media hora. Antes de darme un baño, recuerdo que miré el espejo plateado de la laguna, el cielo prístino, y pensé: "...desde la luz, sin miedo. Las niñas están vivas, vamos a protegerlas".

Manejé hacia mi oficina pensando en qué estrategias plantearía a mi equipo del CIAM. Entonces me repetí incontables veces: pensemos en lo que podemos hacer, en lugar del horror de lo que ya sucedió. Como una montañista que sabe que deberá rapelear con sus compañeras hasta el fondo del abismo, revisaba en silencio mis herramientas emocionales —como quien cuenta y amarra sus cuerdas de salvamento, martillo y armellas; para evitar caer al precipicio, las poleas debían ser seguras— e hice una lista de estrategias. Personas a quiénes acudir, llamadas qué hacer, favores que pedir a amigos, información por compartir con colegas en caso de que el asunto fuera tan peligroso como intuía.

Al día siguiente, Emma llegó a la oficina a las 10 de la mañana. Yo ya había delineado algunas ideas con mi equipo e hicimos llamadas al DIF municipal. Cuando llamé a la abogada Verónica Acacio y le expliqué lo sucedido, ella me dijo que ése era el caso delicadísimo del que me había hablado hacía unos meses. Yo quedé desconcertada e intenté recordar lo que Verónica me había dicho antes. Por teléfono no nos damos información específica de casos ni nombres de víctimas, de modo que decidí esperar. Comúnmente entre Protégeme y CIAM Cancún referimos casos por la especialización de cada institución, pero jamás imaginé que Acacio ya supiera que la PGR tenía indicios concretos de crimen organizado en el caso *Succar*. Luego Verónica me recordaría dos nombres clave: Kamel Nacif y Emilio Gamboa.

El 21 de noviembre de 2003 por la tarde, el procurador general de la República, Rafael Macedo de la Concha, hizo su primera aparición pública en las recién estrenadas oficinas de la delegación de la PGR en Cancún para referirse al caso *Succar*. Con el rostro prácticamente inexpresivo cuidó las primeras palabras que dirigió a la prensa.

> —La Agencia Federal de Investigaciones y la Interpol trabajan en la ubicación del pederasta Jean Thouma Hanna Succar Kuri, a quien se le integra, además, un expediente por presunto lavado de dinero.

En la sala de prensa hizo eco un murmullo de preguntas. Los periodistas presentes llevaban más de 30 días reflejando en los medios locales las historias encontradas. Publicaron tanto fotografías en las cuales se exhibían los rostros claros de las niñas víctimas de abuso, así como retratos de sus progenitoras. Al mostrar las fachadas de los hogares de las familias se evidenciaba ante los vecinos quiénes eran las madres de las víctimas, a las que se juzgaba de antemano por haber —supuestamente— entregado a sus hijas al pederasta. Entonces llamé al director de la Interpol, en la capital del país, a quien conocí gracias a una amiga especialista en violencia, que nos presentó y le explicó quién era yo y el trabajo del CIAM. Entonces le propuse a Emma que ella le contara lo que sabía y aceptó. Enseguida volamos a la ciudad de México, llevé a Emma a la oficina del funcionario y esperé en un apartado aledaño mientras la joven explicaba al director Ricardo Gutiérrez quiénes eran los hombres de poder que protegían a Succar Kuri; luego le entregó pruebas que ella tenía y salimos para regresar a Cancún.

Después de una larga sucesión de acuerdos y esfuerzos con el DIF estatal y la Procuraduría, Emma, su familia y otras tres familias de niñas y niños abusados entraron a recibir protección y atención especializada de CIAM Cancún. Emma recibió apoyo psiquiátrico externo. Su abogada fue siempre Verónica Acacio y nosotras ayudamos a elaborar la estrategia de seguridad. Emma me pidió que la ayudase a contactar medios que pudieran contar la verdadera historia; coincidimos en que si se publicaba este caso en Estados Unidos, sería más fácil que se entendiera la importancia del arresto de Succar Kuri en el vecino país del norte. Varios medios, como el *Arizona Republic*, el *Dallas Morning News* y otros, la entrevistaron a ella y a las madres de otras víctimas. La entereza de la joven, a pesar de sus recaídas —obvias en una situación semejante—, lograron que la admirase por su persistencia y valentía.

Una vez que se terminó el proceso natural de cuatro meses, se hicieron planes de seguridad para que las familias se reubicaran y continuaran con terapia externa, siguiendo el protocolo de atención. En caso de pasar más tiempo en el Refugio, lo que en su momento las víctimas consideran un oasis de tranquilidad, puede convertirse en un encierro asfixiante. Por salud psicoemocional debían comenzar a reconstruir su vida. Estaba en sus manos —particularmente de las madres y en los casos en que se hallaba presente el padre— mantenerse firmes y no dejarse cooptar por Succar Kuri. El área de atención a víctimas y derechos humanos de la PGR se había comprometido a darles protección y seguimiento, pero nunca lo hicieron.

Emma pidió ir a la ciudad de México. El periodista Ricardo Rocha, amigo mío que había cubierto el caso en su noticiero matutino y en Reporte 13, conocía a las víctimas y se sintió profundamente conmovido por sus historias. Emma ya tenía 21 años —aunque siempre parece mucho más niña— y Rocha le ofreció trabajo en el área de producción de noticias. La joven, llena de ilusiones, se mudó al DF, en tanto que Protégeme, A.C., y Verónica Acacio le pagaban la escuela. Se hospedó en un departamento estupendo en Coyoacán, con una amiga escritora, una adulta que podría cuidarla. Sus traslados en la ciudad de México los hacía con un chofer que la cuidaba de las amenazas de Succar. La protección resultó muy costosa, pero había mucha gente comprometida para evitar que Succar cooptara a sus víctimas nuevamente. Las autoridades iban develando más nombres de la red de crimen organizado.

Las familias continuaban con su terapia externa; no obstante, agotadas por los innumerables interrogatorios de la PGR y por las recaídas emocionales de sus pequeñas de 12 y 13 años, se fueron enojando con las autoridades. Los meses pasaban y les exigían peritajes psicológicos y médicos una y otra vez. Una tarde, Lety, madre de una de las menores, pidió hablar conmigo a solas. Es una mujer dulce, aunque profundamente lastimada por el dolor. Como ya no podía más, insistió: "Llevamos casi un año así; ¿cuándo se va a terminar esto? Es un infierno". Le expliqué que la abogada Acacio calculaba que la extradición de Succar podría tardar entre uno y dos años más. Ella desató la furia por años guardada en un caparazón de inocente sometimiento. Dijo que no, que ya le habían explicado que el juicio podría llevar otros dos años. No era posible, ni ella ni su hija e hijo abusados por Succar y por sus amigos poderosos resistirían continuar con esa herida a flor de piel durante tanto tiempo; era un martirio y lo fue. Doña Lety decidió rehacer su vida con sus criaturas en otro estado de la República; dijo que cuando trajeran a Succar, ellas volverían para el juicio. Habría que estar en sus zapatos para juzgarle; estaban en su derecho al desear cerrar ese capítulo de terror de su vida. El tortuguismo de las autoridades se convertía en un aliado de los agresores.

Poco a poco, mientras la burocracia de las autoridades hacía de su vida una pesadilla, los abogados de Succar y Kamel Nacif buscaron a los familiares y a las redes de apoyo de las víctimas. Les amenazaron y les ofrecieron dinero. Algunas aceptaron y otras no.

Un año y medio después de que nos viéramos inmersas en el caso Succar, seguían llegando a nuestras oficinas niñas abusadas por el libanés. A cada nueva historia se sumaban narraciones de incompetencia del Ministerio Público, de niñas llevadas a California que no volvían, de niñas estadounidenses traídas a México para tener sexo con los amigos de Succar. Al mismo tiempo, los vínculos criminales se hacían evidentes y mis fuentes y contactos revelaban que el poder de Kamel Nacif, amigo de Yunes, y Gamboa Patrón había logrado congelar el caso en la PGR. Succar podría salir libre, de modo que las familias que seguían en contacto con nosotras estaban aterrorizadas ante la posibilidad.

Los demonios en papel

En diciembre de 2004, David Sosa, un amigo periodista, me contactó porque la editorial Grijalbo estaba buscando a un periodista que pudiera contar la historia de Succar Kuri; le dije que yo le ayudaría, que sería una buena idea publicar las ignominias de los pedófilos, y que tal vez contribuiría a destrabar el caso a nivel federal. Quedamos en revisar toda la información que yo tenía; una vez que la vio, Sosa dijo que no quería participar y que la escribiera yo sola.

Viajé al Distrito Federal y la editorial me pagó 10 mil pesos por el libro. El dinero se esfumó en dos boletos de avión para entrevistar a mis fuentes de PGR e Interpol. Tres meses más tarde entregué a la editorial *Los demonios del edén. El poder que protege a la pornografía infantil*. Lo escribí en pocas semanas, pero la documentación la había reunido a lo largo de dos años.

Carlos Loret de Mola y Jorge Zepeda Patterson presentaron el libro en la Casa de la Cultura Jaime Sabines, en la ciudad de México en abril de 2005, rodeados de un grupo de agentes especiales contra la delincuencia organizada (SIEDO) enviados por José Luis Santiago Vasconcelos, entonces subprocurador del área. Unos días antes de la presentación, mientras la editorial me organizaba un "tour de medios" para promover el libro, yo esperaba sentada en la oficina de Ariel Rosales, mi editor. En algún momento Faustino Linares, entonces director general de Random House Mondadori, irrumpió en la oficina. Con el tono de voz dulce y casi flemático que le caracteriza, el hombre mayor, recién llegado de España para dirigir la editorial en México, nos preguntó: "¿Quién es un señor Miguel Ángel Yunes?" Ariel y yo cruzamos miradas y le explicamos que en ese momento tenía unos meses de haber sido nombrado subsecretario de Seguridad Pública Federal. "Ah, vaya, pues me ha llamado y quiere que vaya a verlo a sus oficinas hoy mismo, en un par de horas de ser posible." Pedimos a Faustino que tomara asiento, pues teníamos que explicarle quién era el personaje político y su papel en la historia de mi libro, que evidentemente el director general no había leído.

Yo llevaba un portafolio con fotocopias de algunas pruebas documentales obtenidas durante mi investigación periodística, las cuales le mostré y le auguré que Yunes intentaría detener la presentación. Y así fue. Acudieron Faustino y el editor a las oficinas de la Secretaría de Seguridad Pública. En la entrevista les planteó que su nombre nunca debió aparecer en dicho libro. Se le explicó que yo sólo había transcrito las declaraciones que estaban consignadas en el juicio a Succar Kuri. Entonces les leyó unas cartas de funcionarios que, según él, lo exoneraban de cualquier responsabilidad en este caso. Estas mismas cartas habían sido publicadas tiempo atrás en *La Jornada*, cuando Yunes ejerció su derecho de réplica por un reportaje de ese diario donde se hacía alusión a que su nombre había sido citado en el juicio contra el pederasta. Después de leerles personalmente las cartas, trató de convencerlos de que en la presentación del libro también se les diera lectura, para después emitir una declaración en que la editorial me descalificara, ya que no avalaba el que hubiera transcrito el nombre de Miguel Ángel Yunes en su libro. Obviamente el director de la editorial se negó a hacerlo, aunque le ofreció que yo lo entrevistara y en una nueva edición apareciera su versión. Yunes dijo que de ninguna manera hablaría conmigo. Se le propuso, entonces, que escribiera un texto donde expusiera su postura. Ese texto y los facsímiles de las cartas podrían formar parte de un apéndice a la nueva edición. Además, se le ofreció que dicho texto podría ser leído por el editor del libro durante la presentación, así como el contenido de sus misivas. Dijo que lo iba a pensar, pero que también la editorial pensara en lo que él les había propuesto primero. Después de la entrevista, Yunes insistió por teléfono y hasta mandó una enviada para saber si ya aceptaban su propuesta. Se le dijo que no, pero que seguían en pie los ofrecimientos que la editorial le había hecho. Faustino me contó con detalles la reunión, lo discutimos y coincidimos: habría que avisar a otra autoridad. Llamé entonces a José Luis Santiago Vasconcelos, entonces subprocurador de SIEDO de la PGR. En presencia de Faustino y el editor, expliqué al funcionario los hechos ocurridos en las oficinas de Yunes. El subprocurador simplemente me pidió la dirección del lugar donde se llevaría a cabo la presentación. Antes de colgar, Santiago Vasconcelos me dijo que no me preocupara, porque estaríamos protegidos. Al llegar a la Casa de la Cultura, el español no daba crédito por el despliegue de seguridad enviado por SIEDO. Nos miramos y Faustino, casi en voz baja, nos dijo: "¿pues qué le sabrán a Yunes?"

La presentación se llevó a cabo exitosamente, bajo la mirada vigilante de uno de los socios de Succar Kuri y personero de Emilio Gamboa en sus negocios de Fonatur, el ex director del Fondo Nacional de Turismo, Alejandro Góngora, quien se hizo acompañar de un abogado.

El libro se vendió bien, si se considera que se trataba de una autora desconocida. En los meses subsiguientes, varios hilos relacionados con el caso Succar se movieron y algunos nudos se desataron gracias al papel que desempeñaron periodistas que dieron la lectura correcta al fondo del asunto: la pornografía infantil y el peligro de que Succar saliera libre. También comenzaron a aparecer testigos de toda índole. Sin imaginar el impacto que ello tendría, al entregar el libro a la editorial solicité que en la contraportada imprimieran mi correo electrónico personal. Casi de inmediato comencé a recibir primero veintenas de correos a la semana y paulatinamente un centenar cada siete días. Procedían de lectores y lectoras de todas las edades. Gente que me contaba que el libro le recordó el abuso que él o ella vivieron en su infancia y otros simplemente agradeciéndome contar la historia; pero sobre todo comenzaron a contactarme jóvenes de Cancún, ahora adultos de entre 24 y 26 años que querían hablar conmigo luego de leer el libro. Me reuní con algunos y mi sorpresa fue mayúscula: la cantidad de jóvenes que sabían de Succar Kuri y su fascinación por las niñas y niños rebasaba mi imaginación. Algunos de ellos habían estudiado en La Salle de Cancún y me contaron cómo, al leer el libro, entendieron muchas cosas que habían sucedido. Según sus palabras, era un secreto a voces desde hacía una década. Un secreto que las y los adolescentes guardaron sin comprender las consecuencias de su silencio.

Al pasar los meses, las menciones sobre el libro se desvanecieron de los medios de comunicación, pero no las llamadas y denuncias de lectores y lectoras preocupados por ese y por casos similares. Yo seguí con mi vida, trabajando en el CIAM y a la vez investigando casos de trata de mujeres y menores para un futuro libro.

De vez en vez, alguna de las víctimas del caso Succar nos avisaba que había más amenazas de muerte y que los abogados de Succar las buscaban (particularmente a las niñas) a las afueras de sus escuelas y a las madres en sus hogares, para ofrecerles entre 100 mil y 200 mil pesos a cambio de que fueran con los abogados a firmar un documento en el cual se retractarían de las historias narradas por sus hijas e hijos. Les dimos consejos y declararon ante las autoridades las amenazas, pero nada sucedió, excepto que en silencio algunas de las madres —dos en particular— aceptaron el dinero de los abogados y fueron forzadas a firmar un convenio para admitir la retractación y para llevar a sus menores a declarar. El argumento más sólido —y por demás creíble, dada la impunidad en México— fue que Succar saldría libre y si no cooperaban las mandaría matar de cualquier forma.

El imperio contraataca

Una tarde a mediados de mayo de 2004, Emma llamó para saludarme. Ante mi azoro, me dijo que Succar por fin la había localizado. Se me heló la sangre; teníamos meses haciendo todo lo posible por ayudarla a rehacer su vida dignamente, para que estudiara y recibiera terapia, para que tuviera un trabajo que le permitiera aprender que el dinero se gana con trabajo digno y que aquello que Succar les había enseñado durante años en su pubertad —que las mujeres y niñas no sirven más que para ser prostitutas—es falso. Me dijo que su tío de Mérida había sido localizado por Succar, quien desde la prisión de Arizona les había llamado personalmente. Así, el tío llamó a su sobrina y le dijo que creía conveniente que tomara la llamada y escuchara lo que Succar iba a decirle. La conversación entre Emma y yo parecía increíble: yo me encontraba con Alicia Leal, la directora del refugio Alternativas Pacíficas de Monterrey, a quien le permití escuchar la conversación. No sabía qué más decir a la joven, quien de pronto defendía a su violador y argumentaba que no había sido tan malo. Alicia me miraba, diciéndome en voz baja: "es el síndrome de Estocolmo".

Yo sabía lo difícil que es para víctimas de delitos de esta naturaleza romper el vínculo paradójico con su agresor, pero esto me parecía demasiado. Ya estaban libres de él; Succar había sido arrestado el 4 de febrero de 2004 en Chandler, Arizona, a petición de la Interpol y gracias a presiones de las organizaciones de derechos humanos.

Empero, Emma insistía en que yo no entendía el poder de los amigos de Succar. "Nos van a matar, Lydia, mejor negociamos." Argumenté de todas las formas posibles, la desesperación nubló mi mente, me quedé sin palabras. Alicia Leal, experta en atención a víctimas, iría en esos días a la ciudad de México y se ofreció a platicar con Emma, quien aceptó. No obstante, unos días después Alicia me llamó preocupada. Me explicó que la joven mostraba una mezcla de miedo, amor y necesidad en su relación con su abusador. Después de todo, por algo las eligen en edades en formación preadolescente, pues corrompen su visión de sí mismas y de la vida.

Unas semanas después, a fines del verano de 2004, Emma desapareció del DF. Canceló su teléfono celular, no se despidió de nadie y nunca volvió a la escuela. La buscamos con preocupación, pero nadie conocía su paradero. Mientras, otras mujeres y niñas requerían nuestro apoyo; con todo, la vida siguió su curso.

Diez meses más tarde, en mayo de 2005, una noche ya en casa, revisaba mi correo electrónico cuando se apoderó de mí un escalofrío: allí estaba, frente a mis ojos, un correo de Emma, quien me decía de manera desarticulada que los abogados de Succar Kuri se la habían llevado a Los Ángeles, que tenía miedo a que las mataran a todas ahora que saliera libre. Un par de ideas inconexas y una suerte de disculpa velada por lo que habría de suceder era todo lo que escribía la joven, pero algo en su correo no parecía estar bien. Aunque estaba aparentemente enojada conmigo por haber publicado el libro, en una línea me decía que era bueno que lo hubiese escrito porque "Succar ya no tocaría a más niñitas". Me pedía que ya no la buscara, que haría lo que debía hacer.

Unos días después, durante el noticiero matutino de Carlos Loret de Mola en Televisa, la joven apareció con el cabello teñido de rubio platino, idéntico al de la esposa de Succar, rizado con permanente y con una pequeña piedrecilla de cristal en la frente (a la usanza hindú). Con un discurso aprendido, defendió en televisión nacional a Succar Kuri y argumentaba que el contenido de mi libro estaba plagado de falsedades.

Sentada en la cama frente al televisor, mi incredulidad no tenía cabida entre la abrumadora tristeza que invadió mi corazón. "No, no, Emma, te van a destruir" me escuché decirle al televisor como si la chica pudiera oírme. Salí hacia la oficina con el alma en vilo, pero poco me duró el silencio. Mis colegas de medios, toda la gente que había ayudado y creído en Emma me llamaba indignada; incluso reporteros de diarios que le habían dado voz sin cesar se sentían traicionados. Repetí una veintena de veces la explicación científica del síndrome de Estocolmo y del estrés postraumático. En mi oficina, el equipo se reunió para intercambiar impresiones; la trabajadora social que atendió a Emma lloraba y explicaba que se sentía invadida por una mezcla de enojo y tristeza. Allí estábamos nosotras, bajo amenazas de Succar Kuri, con un tremendo desgaste emocional por todos los esfuerzos para resistir escuchar tanta ignominia de las chiquitas traídas por Emma. Y la misma joven a quien se le dieron más oportunidades que a ninguna otra víctima se aliaba con él. ¿Por qué se sacrifica, para proteger a su verdugo?, ¿por dinero?, nos preguntábamos. Todas nos mirábamos. Dedicarse de forma profesional a apoyar y proteger a víctimas de violencia es una misión, más que un trabajo. En nuestro equipo hemos compartido desde hace años la filosofía de que trabajamos en esto porque creemos que podemos ayudar todos los días a construir un país libre de violencia. Todas somos sobrevivientes que elegimos convertirnos en maestras de paz y a la vez, en acompañantes que saben lo difícil que es el camino de la transformación personal. ¿Qué les diremos a las otras niñas? fue la pregunta del día. Algunas de las madres montaron en cólera. Emma se había vendido al verdugo que destrozó —desde su punto de vista— la vida de muchas menores y ellas no estaban dispuestas a perdonarla. Una de las madres fue a la Procuraduría de Justicia y denunció a Emma por haber llevado a su pequeña hija de 5 años a las villas de Succar Kuri. La venganza del libanés surtía efecto, dividía a las sobrevivientes, propagando incertidumbre y miedo.

En ese momento pensé que el renglón en que me pide perdón Emma en su correo se refería a haber salido en el programa de televisión. Pasarían unos meses para que se revelara que detrás de la cooptación de Emma estaban no solamente Succar Kuri, sino también su socio y cómplice, el mismísimo Kamel Nacif, quien había pagado ya 300 000 dólares para la defensa de Succar Kuri y la compra de testigos.

Por esas fechas, cuando la detención de Succar ya era una nota internacional, una jovencita de origen salvadoreño, explotada sexualmente por Succar y Kamel Nacif, desaparecería también. No se sabe si vive o fue asesinada; Wenceslao Cisneros, ex abogado de Succar Kuri, asegura que su ex cliente le dijo que ya nunca aparecería la niña. Kamel Nacif —según las grabaciones telefónicas— le pagó a Succar Kuri 2 000 dólares para que la llevase a las villas de Solymar en Cancún para "fornicar" con él.

En septiembre de 2005, yo había planeado pasar mis vacaciones en un viaje para relajarme que hacía falta por las presiones, el exceso de trabajo y las amenazas del desgastante caso Succar. Mi pareja y yo nos habíamos prometido ya no hablar más del asunto. Yo había hecho lo que estaba en mis manos; ahora les tocaba a las autoridades darle seguimiento. Después de todo, las jovencitas seguían en terapia —otras eligieron irse con su madre— y el caso no se movería nada hasta el momento de la extradición, si es que procedía. Veintenas de casos semanales llegaban al CIAM, casi todos se solucionaban y el equipo compartía la felicidad de familias que recuperaban su vida sin violencia, de mujeres que reconstruían su dignidad y su vida.

Sin embargo, las vacaciones se cancelaron cuando volví de Oaxaca, donde filmaba un reportaje acerca de la pobreza de las mujeres migrantes de la sierra. Volví con fiebre y al bajar del avión fui hospitalizada. Fueron dos semanas de hospitalización, con un cuadro de problemas renales agudos (fui operada de un riñón a los 18 años) que dio lugar a una neumonía infecciosa que me mantuvo en estado de gravedad durante varios días. Acompañada de mi familia, de mis amistades y de mi pareja, salí adelante, débil, pero sana.

En noviembre pude finalmente viajar a España con la Plataforma de Artistas contra la Violencia, donde con la cantante Cristina del Valle planeábamos un concierto en el Zócalo de la ciudad de México para enero de 2006. El concierto se daría en el marco de una campaña contra los feminicidios y la violencia de género. Eran tiempos electorales en México, así que entre los planes estaba solicitar una cita con todos los candidatos y la candidata a la Presidencia de la República, para exigirles compromisos en el tema de feminicidio y violencia de género. Para noviembre, todos los candidatos nos habían confirmado, excepto Roberto Madrazo, del PRI. Aunque luego, al llevar a cabo el concierto, Andrés Manuel López Obrador nos cancelaría de última hora sin argumento alguno. Madrazo se negó a recibirnos y la plataforma se encontró frente a los medios con Felipe Calderón —como su primer acto de campaña— y con Patricia Mercado. Ella y él, en discursos emotivos, se comprometieron a combatir la violencia de género y la impunidad.

De España, luego de planear el evento que se celebraría en enero, volé a Sri Lanka invitada por Amnistía Internacional a una reunión mundial de Defensoras de Derechos Humanos. El 15 de diciembre me encontraba de regreso en Cancún, dispuesta a cerrar un año aciago y sin mayor afán que prepararme para el descanso decembrino; no obstante, la aparición de Mario Marín en mi vida trastocaría mucho más que una Navidad.

3

Un secuestro legal

Es viernes 16 de diciembre, llueve. Las calles de Cancún son espejos de agua y el clima está templado; son las 11:45 a.m. y es mi primer día de trabajo luego de regresar de un viaje a España y Sri Lanka. Salí de una cafetería en la que desayuné con colegas periodistas. Encendí la música y manejé tranquilamente hacia mis oficinas del CIAM. Llamé para avisar que estaría allí en 15 minutos; mi escolta esperaba en la esquina de la institución. A raíz de las amenazas que había sufrido por parte de Succar Kuri, sus cómplices y otros agresores, desde 2003, tanto la Comisión Nacional de Derechos Humanos como la Cámara de Diputados solicitaron a la PGR medidas cautelares para mí. Fue la Subprocuraduría de Delincuencia Organizada de la PGR la que me asignó a tres agentes de la Agencia Federal de Investigaciones (AFI) como escolta para resguardar mi vida desde enero de 2005.

No detecté que me siguieran —acostumbro revisar el retrovisor—. Había llovido desde temprano y las calles estaban inundadas. Mientras la camioneta Ford gris claro se acercaba a las calles de la Supermanzana 63, rodeada de bares, prostíbulos y pequeñas cervecerías, la lluvia cedió el paso, como sucede en el

Caribe, a una mañana luminosa. Un arco iris rasaba el cielo, lo cual noté al detenerme en un semáforo. Pensé en el privilegio de vivir en el trópico, porque el aire puro y la humedad me caían muy bien para sanar las secuelas de la bronquitis. Corrían los últimos días de mi tratamiento de antibióticos.

Entré en la calle Doce; al estacionar la camioneta y apagar el motor, pasó a mi lado un auto compacto que siguió de largo y entonces bajé de mi vehículo. De pronto un auto color azul plata con placas de Puebla se detuvo cerrando la calle y de inmediato se bajaron tres sujetos morenos, uno de ellos con playera blanca y una sobaquera que mostraba evidentemente una pistola. Otro llevaba en su mano un fólder color rosa y caminaron deprisa hacia mí; miré a mi izquierda: atrás estaba una camioneta Liberty blanca, de la cual busqué las placas: también eran de Puebla. En ese instante pensé que eran sicarios, aunque no sabía de quién; entonces miré a la esquina: un auto rojo bloqueaba la otra esquina de la calle y un hombre parado frente a las oficinas hacía señas a otro. Pensé que dispararían, por lo cual la sangre se me congeló.

El sujeto que llevaba el fólder gritaba mientras se me acercaba: "Lydia Cacho, tranquila, no intente nada, está usted detenida"; dos de ellos llegaron por el frente, pero el otro dio la vuelta a mi camioneta. Aterrada y sin pensarlo, apreté la alarma del auto en el llavero e intenté abrir la puerta del vehículo, pero el hombre que estaba ya a mi lado sacó el arma discretamente y me espetó: "No intente nada, no llame a su escolta o va a haber fuegos artificiales". Saben que tengo escolta, pensé. "¿De qué me acusan?, ¿quién me acusa?" alcancé a repetir, intentando guardar la compostura, pero la única respuesta fue "nos la llevamos a la cárcel de Puebla". Mientras tanto, dos de ellos hablaban apresuradamente al mismo tiempo que me repetía uno de ellos: "No oponga resistencia o va a haber fuegos artificiales", mientras que el otro me amenazaba: "y los periodistas se mueren con balas perdidas". El eco de sus palabras, como un golpe seco, vació el aire de mi estómago y entonces sentí náuseas. Estaban casi tan nerviosos como yo. El hombre del fólder rosa me lo mostraba insistentemente y lo abría, pero las hojas estaban en blanco. No tuve tiempo de comprender nada, el otro agente sacaba su "charola", pero no me permitía verla para reconocer su nombre. Parecía que estaban haciendo un montaje para que alguien los viera, era una locura. Por mi mente pasaban ideas cruzadas, confusas: "Puebla, ¿por qué Puebla?; pensé ¿estamos defendiendo a alguna mujer de Puebla?"; de ser así, no lo sabría, porque el equipo de CIAM trabaja sin parar y yo había estado fuera casi 15 días. La alarma de mi auto seguía ululando y yo sabía que mis compañeras estarían viendo todo por el sistema de vigilancia de cámaras de circuito cerrado que tenemos fuera de las oficinas. Durante años nos hemos capacitado para las emergencias.

Varias veces dije a los policías: "Mi escolta de la PGR tiene que ir conmigo". El judicial que estaba a mi lado me tomó del antebrazo, tenía el arma en la otra mano y nerviosamente repetía que no les diera la orden a mis escoltas porque habría balazos. En la esquina el agente Toledo —uno de los tres miembros de mi escolta— veía lo que sucedía. Más tarde narró ante la fiscalía de periodistas que cuando vio todo, creyó que eran judiciales que me estaban ayudando en mi trabajo. "Llamé al jefe de la escolta y le dije: 'creo que la licenciada va a hacer uno de sus rescates'." (Se refiere a que cuando las mujeres llaman al centro de atención y están en peligro de muerte, vamos a sus domicilios y las rescatamos con sus hijos e hijas; mi escolta me había acompañado a algunos rescates. Nosotras desarmamos a los agresores y llamamos a la policía, quien se rehúsa a entrar a las casas por miedo a ser demandados por el agresor por allanamiento de morada.)

Mientras esto sucedía, el policía con el fólder repitió varias veces que era mejor que obedeciera; yo dije que sí, le pedí tranquilidad y añadí que no me opondría a nada. En ese momento "Cronos", el jefe de seguridad de nuestras oficinas, salió; ellos lo vieron y el agente armado a mi lado se puso muy nervioso y repitió casi gritándome: "¡Dígale a su escolta que no se mueva, que no dispare o va a haber fuegos artificiales!". Ya tenía el arma en mi costado izquierdo. Bajé la voz y lo más tranquila posible les dije: "Por favor, es mi colega, no usamos armas, no está armado, se lo juro". "Cronos" se acercó lentamente, cabizbajo y con las manos abiertas en señal de que no portaba ningún arma, mientras les decía con voz parsimoniosa en la que descubrí una angustia que aún no le conocía: "Todo está bien, no usamos armas, sólo quiero saber qué sucede". El agente del fólder rosa —luego supe que era el comandante Montaño— llevó a cabo la misma escena absurda, mostró las hojas en blanco, abrió rápidamente el fólder y dijo; "Está arrestada por difamación, tenemos una orden de aprehensión, vamos a la cárcel de Puebla". Escuché la palabra difamación, pero aún no me hacía sentido.

El jefe de seguridad dijo: "Muy bien, señores, permítanme acompañarla". Aunque mis captores no respondieron, él no se despegó de mí. Yo miré de reojo y en la camioneta Liberty, detrás de nosotros, pude ver a dos sujetos. Nos ordenaron que estuviéramos tranquilos y no pasaría nada. Al acercarnos al vehículo, Montaño abrió la puerta trasera de su auto y de ella salió apresurada una mujer joven, menor de 30 años, con el cabello teñido de rubio. Traía una videocámara en la mano y llevaba una prenda de vestir de color claro con la cual intentó cubrir la cámara. La joven bajó la cabeza, como para evitar ser reconocida, y se dirigió acelerada a la Liberty.

Subimos al auto; entonces uno de los hombres comenzó a comunicarse por radio con otros y arrancaron de inmediato. Al llegar a la esquina, el copiloto le dijo a Montaño: "¡Siga a los compañeros!". El Jetta rojo que estaba en la esquina arrancó y en él pude distinguir cuatro cabezas de hombres. Metí la mano a mi bolsa, que llevaba acurrucada en mi abdomen y saqué lentamente el teléfono celular. Montaño decía: "Si se porta bien, no la vamos a esposar". Su nerviosismo, supongo, obedecía a la preocupación de que mi escolta intentara rescatarme.

"Cronos" tomó discretamente su celular, marcó a la oficina y dijo: "Vamos a la Procuraduría". Yo empecé a mandar un mensaje sms, pues tenía miedo a hacer una llamada y a que me quitaran el teléfono; así, logré escribir: "...me llevan presa a Puebla". Noté que, afortunadamente, el judicial a mi lado no se dio cuenta, porque él y sus compañeros estaban vigilantes de quienes pudieran seguirnos. Entonces marqué el teléfono a Jorge, mi pareja, que vive en el Distrito Federal, sin ponerlo en mi oído sino entre mis manos y dije en voz alta: "Me llevan presa a Puebla, ¿de qué se me acusa?". El policía vio mi teléfono. Traía el arma en la mano y me ordenó que colgara... ya tendría derecho a hacer llamadas desde la Procuraduría. Bajé el teléfono y se lo pasé a mi colega; pensé que si obedecía no nos golpearían. Miré a "Cronos" y me dije: ¿y si es un "levantón" y nos desaparecen a los dos?

Una mezcla de enojo y miedo me asaltó. Pensé que Montaño se había equivocado, pues, como jefe de seguridad, debió quedarse con el equipo; después de todo, ya había visto de cerca a los que me llevaban. No dije nada, porque sabía que todo estaba grabado: el equipo de seguridad del centro tiene un disco duro que graba las 24 horas las cámaras que rodean el edificio. Así fue: esa grabación, entregada a las autoridades, da la razón a mi descripción del arresto.

Los dos íbamos callados, mientras los judiciales hablaban entre sí y el copiloto daba instrucciones; detrás de nosotros iba la Liberty blanca y casi llegando a la Procuraduría nos alcanzó una Suburban verde. Conducían a toda velocidad. Cuando nos acercamos a la Procuraduría —no habían pasado más de 15 minutos— comprendí que era cierto, que iríamos a las oficinas locales en Cancún y entonces bajé la guardia. Descubrí en ese instante que prácticamente había dejado de respirar, la tensión petrificó mis pulmones, apenas aspiraba lo indispensable, me sentía mareada y acelerada a la vez. Tomé una gran bocanada de aire y, como respuesta, un ataque de tos irrumpió en la conversación entre los judiciales que se daban instrucciones. Suplicante le dije a “Cronos”: “No me deje ir sin ver a mi abogada”. Lo último que escuché de él fue su típica frase: “Sí, licenciada, no se preocupe”.

El vehículo entró al edificio a gran velocidad. Nunca imaginé que ver el acceso principal de la Subprocuraduría de Justicia de Cancún pudiera darme alivio. Los muros semicirculares pintados de verde claro me hicieron sentir segura. ¡No son sicarios!, sí es legal, saldré de ésta, pensé.

Mientras tanto, la abogada del CIAM y una compañera de administración salieron del Centro una vez que se aseguraron, por las cámaras, que ya habíamos partido. Habían recibido la pronta llamada de “Cronos” y se dirigían a la Subprocuraduría. Araceli, la abogada, comenzaba a hacer llamadas, pues pensaba en tramitar un amparo. El teléfono de la colega que conducía sonó: era la coordinadora de Trabajo Social, "Cuidado, las van siguiendo", les dijo. En las cámaras se aprecia cómo unos segundos después de que ellas salieron corriendo y arrancaron su auto, una Suburban que había estado en contacto con el sujeto que vi frente a las oficinas se fue detrás de ellas.

Entramos a toda prisa a las oficinas y le dijeron a "Cronos": "Hasta aquí llegó, ahorita la sacamos para que vea a sus abogados"; cruzamos miradas por última vez, no hubo palabras. Su gesto, intuyo, era un espejo de mi angustia.

Me jalaron hacia los separos de la Procuraduría. Un par de personas que esperaban a la entrada del Ministerio Público me reconocieron, pero no pude mirarles el rostro y entonces los judiciales me empujaron hacia el pasillo. "Es Lydia Cacho, la de la tele"... escuché decir a una señora que cargaba a un niño en brazos.

Uno de los agentes dijo: "Ya la vieron... rápido, los papeles, cabrón". Me rodearon y cerraron la escolta para que nadie me viera. Las paredes verdes de la Procuraduría, el pasillo oscuro y la mesa que divide hacia los separos estaban vacíos. Como una niña arrancada de los brazos de su madre, miraba hacia el fondo del pasillo, con la esperanza de que alguien supiera hacia dónde me llevaban los brazos como garras de los judiciales.

En un separo de la Procuraduría, el comandante Montaño me ordenó que me sentara. Todo parecía esquizofrénico; en la medida en que varios policías locales entraban en el pequeño cuarto con sillas y un viejo escritorio, Montaño cambiaba su tono de voz, era tan amable que me generaba aún más ansiedad. "Por favor, tengo derecho a ver a mi abogada... estoy enferma de bronquitis, tengo derecho a ver al médico legista" repetí varias veces, evidentemente angustiada, pero, al menos yo creía, fingiendo ecuanimidad.

"Agente Montaño", escuché una voz que le llamaba a su compañero de un hombre que le hablaba al oído. Entran dos agentes que me parece reconocer: son de Cancún. Montaño me mira y dice: "Sí, sí... quieta —se dirige a mí en tono casi paternal— le vamos a dejar que vea a su abogado y que se lleve sus medicinas y todo; nada más tranquilita para que no le ponga las esposas y para que no haya fuegos artificiales. No se le vaya a atravesar una bala, dicen que es usted muy brava", se ríen y comienzan a revisar papeles.

Sentada en una silla de vinilo negro, en el cuarto rodeada de agentes locales y de Puebla, intento aclarar mis ideas. Muchos hablan y se intercambian documentos muy rápido. De pronto se me acerca un policía local que me reconoce, el hombre joven me busca los ojos y en silencio tira unos papeles al piso, a la derecha de mi silla, al levantarlos lentamente se me acerca y me dice al oído: "Lic., no deje que se la lleven en coche... se la van a echar... el procu no ha firmado, pida que le dejen verlo". Las palabras del policía, como una filosa espada, cortaron de tajo la paz de mi alma.

En ese momento entran al cuarto otros judiciales, el ambiente es pesado, intento respirar y percibo un hedor, mezcla de tabaco y sudor. El joven que me alertó salió rápidamente. Entonces intento recapitular: ¿se atreverán a matarme? Siento un escalofrío y busco los ojos de los demás policías, añorando una mirada cómplice, alguien que me sacara de allí. De pronto, entre los judiciales entra un hombre desconocido, alto y con sobrepeso, quien me dice rápidamente que es amigo del notario Benjamín de la Peña, un amigo de Cancún. "¿Necesita algo?"

Me siento mareada, no sé qué decir y escucho una voz femenina que levanta la voz, exigiendo que la dejen entrar; en segundos y a empujones veo el cuerpo pequeño de Ana Patricia Morales, miembro del Patronato del CIAM y vicepresidenta de la Asociación de Hoteles. Me levanto y escucho la voz de Montaño, quien me ordena: "¡Sentada!" Sin obedecer, por unos segundos abrazo a Ana Patricia y le digo al oído: "No dejes que me lleven, me van a matar". "¡Sentada!", espeta el jefe de los policías en un tono duro. Obedezco y miro a Montaño, quien me hace señas con las esposas en la mano, detrás de Ana Patricia. Con su carácter férreo y segura de sí misma, me dice que no me preocupe, pues la difamación es un delito menor y no amerita cárcel. "Voy a ver al procurador para averiguar por qué tanto rollo." Mientras sale va hablando; Ana les dice a los agentes que se esperen, que yo tengo derecho a que mi abogada vea el exhorto para la detención. "Sí, sí, claro —responde Montaño con esa voz casi dulce que conocería tan bien durante el viaje—." "Además, la señora Cacho está enferma pues acaba de salir del hospital; tenemos documentos del hospital que lo demuestran; si se la llevan, no puede ser por carretera porque está delicada", dice la voz femenina amiga, ya afuera del separo.

Semanas más tarde, Ana Patricia me contaría que llamó de inmediato a Lía Villalba para pedir el documento del hospital. Lía, mi amiga, marcó a mi médico, quien de inmediato entregó una copia de mi expediente que demostraba que dos meses antes estuve hospitalizada con una bronconeumonía de terapia intensiva. Diez días de hospitalización estaban comprobados en los documentos, con factura del seguro adjunta; pero fue demasiado tarde.

Cuando Ana Patricia salió, Montaño y otros dos agentes se burlaron gozosos. Uno de ellos dijo en voz alta frente a mí:

"Pinches viejas metiches, ¿ahora sí se espantan, verdad?". Un agente local me tomó del brazo sin decir palabra, me levanté de la silla y tres de ellos me sacaron rápidamente. Pregunté: "¿Adónde vamos?" Me llevaban escoltada y el más delgado dijo: "cállese", en tono violento y seco. Me condujeron velozmente a las oficinas de la médica legista y me sentaron frente a ella. Uno se quedó a mis espaldas y los otros tres afuera de la puerta de cristal. La médica joven se sorprendió al verme. Me revisó rápidamente y mientras me interrogaba me dio un fuerte ataque de tos. La doctora escribió en su informe que hallaba signos de bronquitis infecciosa. Le expliqué qué tipo de antibiótico estaba tomando. La médica entregó el documento al judicial de Cancún y le dijo frente a mí que yo debía tomar medicamentos y cuidarme del frío.

Montaño me miraba a los ojos; entendí que el traslado era inevitable. Al pasar por el pasillo, a unos ocho metros de distancia atisbé a mis colegas, a las abogadas del CIAM y a mi escolta y sin pensarlo grité a todo pulmón a Óscar Cienfuegos, el comandante de mi escolta federal: "¡Ustedes vienen atrás de mí, llamen a Vasconcelos al SIEDO, me van a matar!". Él me respondió: "¡Sí, sí!". Fue la última vez que miré su rostro.

Volvimos rápidamente a la oficina. Un agente local tomó mi bolsa de mano, que me habían quitado y puesto sobre la mesa y me dijo: "Déjesela a alguien de su gente porque si se la llevan ellos (se refería a los agentes de Puebla), quién sabe qué pase con sus pertenencias"; asentí con la cabeza. Él tomó la bolsa y el celular y se la pasó a una persona que estaba afuera. Escuché que un agente decía que no se preocuparan, que iban a esperar el certificado médico. Mientras tanto, Ana Patricia Morales insistía en ser recibida por el procurador de Quintana Roo, Bello Melchor

Rodríguez. Quería asegurarse de que los papeles eran legales, que había un acuerdo de colaboración entre las autoridades de Puebla y Quintana Roo. Morales es miembro del Consejo Consultivo de Seguridad de la Procuraduría. Meses más tarde, Ana me diría que fue la primera y única vez que el procurador no la recibió.

Mientras tanto, entra una llamada a los separos, que contesta un hombre y dice: "Es el jefe". Montaño se acerca y se agacha para poner el rostro frente al mío. No logro distinguir si el tono es amable o irónico, porque el miedo me tiene paralizada cuando él me indica: "Si se porta bien no la esposamos; somos buenas personas, no nos haga enojar, sólo cumplimos con nuestro trabajo". Lo miro y asiento, en voz baja igual que él, y digo: "Está bien". En ese instante se ponen uno a cada lado, me jalan de los brazos y escucho: "Señora, calladita... vamos a ver a su abogado y por sus medicinas". Se miran entre ellos y salimos por la puerta; uno de ellos, atrás, me acomoda las manos reteniendo mis puños en mi espalda y los otros dos cada antebrazo; enseguida uno se adelanta y casi corriendo me sacan por la puerta de atrás. De pronto siento una garra que aprieta mi cabellera por la nuca, me encojo del dolor y me dejo llevar; rápidamente el que me conduce de la cabellera me lanza a la parte trasera de un auto. Caigo con las manos a mis espaldas, todo es muy rápido, inesperado. Tardo en reaccionar, estoy medio tirada entre el piso y el asiento de atrás. Escucho los portazos adelante. "¡Abajo!" me grita uno de ellos. Obedezco obnubilada.

Otros agentes de Cancún ya están esperando y hacen un operativo muy organizado. Estamos hasta el fondo del estacionamiento de la PGJE; levanto un poco la cabeza para mirar: adelante va abriendo paso el Jetta rojo. ¿Por qué tantos policías?, pienso. Miro atrás con la esperanza de ver a mi escolta, pero sólo está la Liberty blanca (que más tarde demostraríamos es de Kamel Nacif). Manejan a toda velocidad y toman la avenida Nichipté hacia la carretera. En ese instante me doy cuenta de que me engañaron. Entonces me indigno y ya sentada le grito atropelladamente al policía: "¡Esto es ilegal, es un secuestro, no me dejaron ver a mi abogada, necesito mis medicamentos, no vi la orden de aprehensión!" Siento caliente mi cabeza. Sin embargo, no responden. Montaño saca un papel y marca el número telefónico que aparece en él: "Listo, señor —usa una clave numérica—, todo en orden".

Cierro los ojos y pienso: "Dios mío, me van a matar, me van a desaparecer...". Empiezo a reclamar desesperada: "Están violando mis derechos, estoy enferma y necesito mis medicamentos; esto es ilegal, mi abogada debe saber que me están llevando. Quiero ver el exhorto, quiero ver la orden de aprehensión, ¿me escucha?". Montaño habla por teléfono en voz baja y el hombre que maneja, cuyo nombre sabré más tarde —Jesús Pérez— me responde en tono enardecido: "¡Qué derechos ni qué chingadas, cállate ya o te esposamos!" En ese momento se frena en el semáforo y voltea en segundos, poniendo la pistola en mi frente y me grita: "¡A callar, pendeja, que ahora estás con nosotros!". Guardo silencio.

Montaño cuelga el teléfono y dice sin mirarme, en ese tono que llegaría a conocer tan bien en las próximas 20 horas: "Tranquilita o la esposamos... la vamos a llevar a la cárcel de Puebla; allá pide sus derechos, a ver si se los dan". Sonríe apacible. Arrancan de nuevo.

La carretera del horror

Hacen una parada en la gasolinera de la esquina y a la derecha se detiene la Liberty blanca. Observo que la maneja un sujeto delgado con bigote y de copiloto va un hombre mayor de cabello canoso que abre la ventana y les da instrucciones. Trae un arma en la sobaquera (todos están ostensiblemente armados); atrás va la mujer rubia que vi cuando me levantaron en mi oficina y a la derecha el Jetta rojo. Comienzo a contar: van dos agentes adelante y tres atrás; cinco, seis... son 10. Volteo a mi espalda y miro una camioneta tipo Suburban verde soldado con vidrios polarizados, pero no puedo ver más que el perfil del conductor. El hombre del Jetta rojo les da instrucciones para salir, derecho a la carretera a Mérida, y les indica que les sigan. Arrancan rápidamente.

Salimos a toda velocidad hacia la carretera, escoltados por los tres flancos. Los vehículos nos llevan hasta la salida a Mérida. Una vez cerca de la caseta, los agentes del Jetta rojo tocan el claxon y se despiden de los agentes de Puebla. Montaño abre la ventana y agradece amablemente, enseguida la cierra y el conductor se ríe.

El fólder rosa está entre los asientos delanteros, frente a mí. Le pido que me deje leer de qué se me acusa. Aunque en esta ocasión yo le hablaba en tono suplicante, él me responde gritando: “¡Cállate, no te pongas histérica porque te esposamos!”. Hace esto mostrándome el arma que tiene junto a él, mientras mira por el retrovisor. Entonces guardo silencio.

De pronto caigo en cuenta de que pasaré un viaje de más de 1 500 kilómetros con dos policías armados y otros tres en el auto trasero. Nunca me sentí tan sola, tan vulnerable, tan consciente de que soy mujer. Muchas veces había dicho a las mujeres en situación de violencia doméstica que elaborasen su plan de seguridad; esta vez me tocaba a mí: hacer una lista mental de las cosas que no debo decir, para evitar hacer enojar a mis captores, intentar que por donde pasemos alguien me vea. Debo observar en qué kilómetro nos detenemos (si es que hacen paradas) y guardar la calma.

De pronto pasó por mi mente una pregunta: ¿por qué el procurador de Quintana Roo me dejó ir si sabe que tengo amenazas de muerte? y ¿si Ana Patricia dijo que no me llevan por un delito que amerite cárcel? Una veintena de veces he estudiado casos de sicarios con identificación de la Policía Judicial o de la Agencia Federal de Investigaciones. ¿Cómo saber si éstos no son sicarios de la Judicial? No puedo saberlo, pensé, sólo me queda rogar llegar viva a Puebla. Que mi equipo llame a la gente adecuada, que sepan que si me matan ese costo puede ser alto. No me queda más que esperar e imaginar que llego viva.

Los agentes comienzan a platicar entre ellos. Ahora Montaño es muy cortés y me explica que su jefe lo mandó a él porque tiene fama de ser amable; a su vez, el que conduce el auto, Pérez, se ríe y dice que por su culpa (de Lydia) ni el mar pudieron ver en Cancún; que llegaron ayer jueves y que por su culpa se van a perder la posada de la Procu. Hablan entre ellos y dicen que ni siquiera pudieron desayunar por andarse arreglando con los agentes de Cancún. El que va conduciendo dice que los traía fregados "el señor, el patrón" (no sé de quién hablan).

"¿Quién es el patrón?" me atrevo a preguntar. Sin mirarme, Montaño responde: "Pues ¿por qué se anda metiendo en la vida de los jefes?, ¿pa' qué anda escribiendo sus intimidades?… Tan bonita y tan metiche".

Pasa un rato en silencio. Al cruzar la caseta, intento que el cobrador me mire, a espaldas del piloto; mi gesto es de angustia; Sin embargo, él me ignora. Pérez intenta pagar, pero el cobrador les dice que no es nada (se trata de "una cortesía"). Ellos comentan que qué bien los tratan en Cancún.

Me atrevo a preguntar quiénes son los tres de la Liberty blanca, para qué tantos judiciales para detenerme como si fuera mafiosa. Entonces responde Montaño: "Pues ya ve, creímos que iba a haber fuegos artificiales con los AFIS. Ellos (se refiere a los de la Liberty) están aquí para cuidarnos a nosotros, no a usted".

Pérez comienza a hablar de los presos por delitos sexuales y cómo les va mal con ellos y luego los violan en las cárceles. Me hacen preguntas como si no supieran quién soy. De pronto Montaño me dice que se metió en internet para saber quién era yo; me hace plática sobre mi programa de TV. Me descubro respondiendo amablemente, intentando establecer un vínculo, haciéndoles saber que mucha gente me conoce y me estará buscando. A ratos me ignoran y se ríen, hacen bromas entre sí, de cómo se les han tratado de dar a la fuga algunos detenidos. Me preguntan constantemente si me gusta el mar, si van a pasar por el mar de noche y si me gusta nadar. Montaño dice que de niño su padre lo llevaba a Veracruz al mar. Me pregunta si mucha gente se ahoga en el mar. Yo les digo que soy buena nadadora. Entonces ellos se ríen y comentan que es bueno, "porque a lo mejor al ratito la tiramos al mar" dice el conductor.

Recuerdo mi pasado, los viajes en el mar, buscando en mi memoria una fortaleza interior que en este instante me es ajena. Comienzan a hablar acerca de mi libro y de pronto escucho, con gran familiaridad, el nombre de Kamel Nacif. "¿Quieren saber por qué escribí el libro?", les pregunto, acercándome hacia delante en el asiento. Montaño voltea de pronto y me ordena: "¡Manos atrás, recargada!". Pasan unos segundos y pregunta: "¿Para qué se metió con Kamel?" Un escalofrío recorre mi espalda: la familiaridad con que se refieren al protector de Succar Kuri me da indicios de que él podría ser "el jefe" al que llamaron. Empiezo a explicarles de qué se trata mi libro. Les pregunto si tienen hijos o hijas. Montaño responde que sí: dos, y Pérez dice que también. Sin pensarlo, con la boca seca, les pido que se imaginen que mientras ellos vienen aquí, conmigo en el auto, un hombre se acaba de llevar a su hija o hijo pequeño y les está usando para hacer pornografía, violándoles. El piloto me interrumpe y hace una descripción detallada y con obscenidades de cómo asesinaría a ese hombre. Cortaría sus genitales y lo descarnaría vivo para luego matarle. Montaño dice que lo mismo, pero nadie en Puebla se atreve a meterse con ellos; allá, ellos mandan. Intento hablar y me da un acceso de tos; con la falsa sensación de que no me maltratarán, les explico que en verdad estoy enferma. Pérez me pide que me acerque, que me asome; obedezco: "Tengo tu medicina aquí... un jarabito, ¿quieres?" (se toca los genitales y se ríen).

Regreso a mi respaldo, con las manos a los lados, para descansar los brazos. De vez en vez, Montaño me hace comentarios acerca de cómo debo obedecerles. La orden es que ponga las manos a mi espalda.

Pregunto por qué son policías, intentando narrarles las ignominias de Succar Kuri y sus amigos; me hacen preguntas, luego responden a las mías. Montaño me dice que tiene 20 años trabajando para la Policía Judicial y que su padre también era policía en los tiempos de gloria del "Negro" Durazo. Me doy cuenta de que me mienten. A ratos me explican que durante dos meses me estuvieron buscando y no sabían dónde encontrarme; pero se contradicen pues de pronto afirman que estuve mucho tiempo de viaje, que si no me preocupa que alguien se meta en mi departamento, que está muy bonito. Suena el celular de Montaño y éste responde y cuelga. Le dice a su compañero que el jefe está preocupado, que pregunta si traemos cola —testigos, pues, aclara el comandante—. Hacen un par de llamadas y entonces logro comprender que preguntan a los sujetos de la Liberty si alguien nos sigue. Yo me descubro suplicando a manera de rezo que mi escolta venga siguiéndonos. Les vuelven a llamar; el comandante le dice al piloto que no, que nadie viene detrás. "La dejaron solita" dice Montaño y comienzan a hacer una historia entre ellos de cómo voy a tener que portarme bien y si quiero que me den de comer, debería hacerles sexo oral. Yo guardo silencio.

Han pasado un par de horas, mientras los agentes me explican que me metí en un lío gordo al escribir ese libro. Mezclan sus comentarios sobre lo poderoso e importante que es Kamel Nacif y lo tonta que fui yo al atreverme a difamarlo y lo guapa que estoy; pensaron qué buen regalito les daba el jefe cuando en Puebla les enseñaron mi fotografía en bikini. Sentí acidez que subía por mi esófago; caí en cuenta que el último alimento que había ingerido era un plato de frutas a las ocho de la mañana. Pero no tenía apetito, sino que sentía náuseas. Cuidadosamente, a ratos movía los brazos hacia delante para quitarme el entumecimiento de los brazos y manos. Intentaba mantener la mente ocupada observándolos, escuchando su tono de voz. Era esquizofrénico: lo mismo me hablaban con un tono amable y respetuoso que con insultos y explicaciones de cómo yo era su regalito y nos íbamos a divertir mucho en el viaje.

En un momento de silencio me atreví a pedir a Montaño que me dejara hacer una llamada telefónica. Para mi sorpresa, me dice:

"Claro que sí, nada más que paremos en una tienda porque se me acabó el crédito de la tarjeta". Respiro profundamente. Unos 20 minutos más tarde, el vehículo se detiene en un paradero. Les pido permiso para bajar al baño. Montaño me responde que sí y acto seguido comienzan a explicarme que no vaya a correr, porque así tuvieron que dispararle a un preso que levantaron en Veracruz y que se les fueron las balas. Se preguntan entre ellos si alguna vez se supo quién mató al preso que intentó huir cuando lo dejaron ir al baño. Comentan los pormenores del asesinato y cómo lo subieron al auto, orinado en sus pantalones por hacerse el listo. Me quedo en el auto, callada. Esa escena se repitió, con cambios de palabras, más de cuatro veces, cuando les pedí que me permitieran bajar al baño a lo largo de las 20 horas. Nunca consintieron, salvo horas más tarde cuando paramos a comer.

Suben nuevamente al auto. Llevaban botanas y refrescos. Entre bromas me ofrecieron algo de tomar sólo para responder que si traía dinero me comprara la botella de agua que les pedía. De pronto suena el celular y Montaño responde con monosílabos: "No, señor... venimos solos". Cuelga y muy amable me pregunta: "A ver, señora, ¿cuál es el número de su familia?". Nerviosa, intento recordar un par de números celulares, pero no puedo: ¡maldita memoria! Acostumbrada a que los números están guardados en el aparato celular, he perdido la costumbre de memorizarlos. Hago un esfuerzo y le dicto un número. Lo marca y escucha que esté sonando; entonces me mira y me dice: "manitas atrás". Yo me adelanto con los brazos a mi espalda, pone el celular en mi oído y cuando escucho una voz, lo retira y se queda escuchando él mismo. Corta la llamada y dice: "no contestan". Pasan 10 minutos y se repite la escena; por alguna razón que desconozco, invadida por la angustia, en cada ocasión pienso que me dejará hablar con alguien. Pero no, al final se ríen y me dice: "Ya tuvo sus llamadas, no una sino varias", sonríe y se acomoda en su asiento para comer sus botanas y tomar refresco. Eso lo repite más de 10 veces en el camino; a pesar de su actitud, yo le doy los teléfonos de mi oficina. Afortunadamente eso permite que el identificador de llamadas de la oficina detecte que es un celular de Puebla y más tarde le marquen. Montaño responde, pero cuelga. Meses después, durante el juicio, Montaño aportará los registros telefónicos de su celular con estos números para asegurar que se me había permitido llamar cuantas veces quise.

Mientras tanto, en la oficina del CIAM Cancún se encontraba reunido todo el equipo de mujeres y hombres de la junta directiva. Dado que el trabajo del CIAM es peligroso y varias veces hemos tenido amenazas de muerte, seguimos un protocolo para emergencias. Emma Rosales, la coordinadora de trabajo social, es la responsable de coordinar la red de emergencia. José Antonio Torres, miembro de la mesa directiva, había llegado al CIAM para apoyar a las coordinadoras, quienes con las listas de teléfonos en mano hacían llamadas con el mismo mensaje: "Lydia Cacho fue secuestrada por agentes judiciales, no hemos podido ver la documentación oficial y tememos por su vida. Llamen a las autoridades de Puebla para asegurar que no la asesinen". Amnesty Internacional, Human Rights Watch y la Organización Mundial contra la Tortura emitieron boletines urgentes. El equipo del CIAM hizo una junta general: valorando el peligro, todas están en alerta roja. Ellas sí lo entienden: si está relacionado con el caso Succar, se trata de un asunto de redes de crimen organizado; además, hicieron una meditación y una oración.

En enero, al volver me contarían su experiencia. Para darse ánimos, durante las horas inciertas de mi detención, hablaban de mi carácter y mi capacidad para enfrentar las cosas. "No se preocupen —dijo una de ellas—; conociendo a Lydia, para cuando lleguen a Puebla ya los convirtió al feminismo." No lloran juntas, pero varias se esconden en su cubículo a rezar y llorar. Los teléfonos no paran de sonar. José Antonio se hace cargo de la coordinación, en tanto que el equipo de CIAM decide que las oficinas sigan abiertas recibiendo víctimas; la vida sigue. Araceli Andrade, la coordinadora de abogadas, arroja luz sobre el tema. Ella es poblana, por lo que el nombre de Nacif no le es ajeno. Cuando en la Procuraduría logra saber que la denuncia por difamación la interpuso el "rey de la mezclilla", supo que había una gran probabilidad de que me desaparecieran o asesinaran. Claudia, la coordinadora de psicología, también conocía historias de Nacif en Las Vegas. Para ellas, sospechar lo peor no significaba exagerar.

En el Distrito Federal, el periodista Jorge Zepeda Patterson, mi pareja, estaba en su oficina: ya había entrado en contacto con el equipo de CIAM minutos después del arresto. La coordinadora le dijo: "Se la llevaron en un convoy armado, varios autos; no nos han dejado ver la orden de aprehensión; parece que es gente de Kamel Nacif, el protector de Succar, el pederasta".

Jorge echó mano de su experiencia como fundador del periódico *Siglo 21* y ex subdirector de *El Universal*. A su lado Alejandro Páez, también periodista y editor de la revista *Día Siete;* ambos escribían comunicados al Comité de Protección de Periodistas en Nueva York (CPJ) y enviaban cables de urgencia a todos los noticieros y medios nacionales. Hasta donde ellos sabían, éste era un secuestro legal; es decir, aunque quienes me llevaron eran policías judiciales y argumentaban tener una orden de aprehensión, nadie había tenido acceso a la detenida ni visto los documentos, y la manera como se esfumaron de la Procuraduría les había dejado con la duda. La noticia corrió como reguero de pólvora.

Nadie imaginaba —más que los involucrados— que detrás del evento estaba la mano dura del gobernador Mario Marín, de la procuradora Blanca Laura Villeda y de Guillermo Pacheco Pulido, presidente del Tribunal Superior de Justicia de Puebla. Hasta el momento, lo que se creía era que Nacif había contratado a unos judiciales para llevarme a algún lugar. La esperanza era que llegara viva a Puebla. La estrategia entonces era clara: Jorge habría de hacer llamadas a gente que conocía mi trabajo tanto de periodista como de directora del CIAM Cancún, para pedirles que llamaran al gobernador con el fin de que éste se asegurara de que los policías no fueran a asesinarme, es decir, para enterarlo de un acto de tráfico de influencias de Kamel Nacif. Jamás imaginaron que la colusión delictiva había sido orquestada por el propio gobernador. Y así fue.

El periodista Carlos Loret de Mola y Florencio Salazar, entonces secretario de la Reforma Agraria, buscaron al gobernador Marín para hacerle saber de la situación. Pero tardaron varias horas en encontrarlo porque "estaba en una comida campestre de despedida de vacaciones navideñas". Finalmente, cada uno por su lado escuchó decir a Marín que "no sabía del caso, pero vería que todo se hiciera dentro de la legalidad". Marín jamás imaginó que en tanto esto sucedía, mientras él mentía sin ton ni son a quienes le llamaban y él intercambiaba, por otro lado, conversaciones de su colusión en los hechos con Kamel Nacif, alguien estaba grabando su voz para la historia que le convertiría en "el góber precioso".

Otras llamadas al gobernador a lo largo de la tarde y noche tuvieron el mismo resultado. Josefina Vázquez Mota, quien encabezaba la Secretaría de Desarrollo Social y había visitado las instalaciones del refugio y conocido del caso Succar, obtuvo la misma respuesta. Igualmente intervino la valiente senadora priista Lucero Saldaña, a quien conocí cuando era presidenta de la Comisión de Equidad y Género de la Cámara de Senadores de la República.

La entonces embajadora de España, Cristina Barrios, había sido madrina de inauguración del Refugio CIAM y unos días antes de la detención mantuvo una reunión con Marín, en la cual se había firmado un convenio de la Cooperación Española para los grupos indígenas de la sierra poblana. Era viernes por la noche cuando la embajadora llamó a Marín y le pidió que se asegurara de que el arresto era legal y que se respetaran mis derechos. El gobernador, según me diría después la embajadora, negó conocer el asunto y prometió "averiguar de qué se trataba".

Al caer la noche, Jorge recibió una llamada del general Jorge Serrano Gutiérrez, jefe de la unidad Antiterrorista de la SIEDO y hombre de confianza del subprocurador Santiago Vasconcelos. Serrano —quien un año antes recibió mis denuncias por amenazas de muerte, y al conocer las pruebas fue el encargado de autorizar que se me consignara una escolta— comentó que había hablado con la procuradora de Puebla para hacer responsable a su gobierno de mi vida, toda vez que los judiciales poblanos habían dado un "esquinazo" a los AFIS que me custodiaban.

Mientras tanto, en la carretera, sigo ignorante de cuánto se movía a mi alrededor. Comienza a caer la tarde. El celular de Montaño suena reiteradamente, pero él contesta con monosílabos. Un par de veces le insisto en que me permita hacer una llamada y él me responde que sí, que cuando compre otra tarjeta.

Son casi las siete de la tarde, cuando nos detenemos a comer en una pequeña lonchería a la vera de la carretera, pasando Mérida. Miro el nombre escrito en la pared: "Don Pepe", estamos al lado de una gasolinera. Nos bajamos, me ordenan que entre en silencio y que no hable con nadie. Camino tan rápido como las piernas entumidas y el dolor de vejiga me lo permiten y me dirijo hacia el baño.

Antes se unieron a nosotros los dos hombres de la Liberty, pero no veía a la mujer. Pegado a mí, por primera vez, está el hombre alto de cabello blanco de la Liberty. Al entrar en el pequeño baño, él se pega a mi espalda, rozando su vientre a mis nalgas. Intento quitarme, pero él me toma el cuello y me dice bajito al oído, pegándose a mi cuerpo: "Tan buena y tan pendeja. ¿Pa' qué te metes con el jefe? ¿Quieres?", pregunta, apretándose más a mis nalgas para que sienta que está excitado. Pone su mano en mi seno izquierdo y me aprieta hacia sí; siento en el omóplato su arma, me lastima y se lo digo. "¿Te gusta la pistola, periodista?", pregunta pegando su boca a mi mejilla. Siento su aliento ácido en mi nariz; las ganas de vomitar se apoderan de mí. "Por favor, déjeme entrar" le digo, mirándolo con una mezcla de rabia y miedo. "¿Qué me das?", pregunta, apretando más sus genitales a mí. El llanto me inunda los ojos y, sin medir mis palabras, le digo: "Primero muerta —levanto la voz para que me puedan oír en el restaurante—; ¿me va a dejar ir al baño?" Me avienta al baño, entro a una endeble portezuela de acrílico blanco, paso el débil cerrojo,frente a mí veo su silueta y escucho su voz apresurándome. Al salir camino rápido hacia el lavamanos y en ese instante entra la mujer rubia, pero el policía se interpone entre nosotras y me dice al oído: "Rapidito, periodista".

Un momento después, nos sentamos todos juntos. Me ordenan que me siente en la cabecera flanqueada por Montaño y Pérez, al otro lado el delgado de bigotes que conduce la Liberty y el canoso que me acosaba en el baño. De pronto sale del baño la mujer joven de cabello teñido de rubio y no me mira a los ojos; a ella la sientan en la otra cabecera. Intento hablar con ella, pero el de pelo blanco le ordena que se calle y no me deja hablar. Interrumpe y ordena tres platillos para él, se queja de todo y los regaña. Todos están ostensiblemente armados (traen el arma metida en la sobaquera). Cuando comienzan a comer ponen las armas sobre las mesas de metal con marca de cerveza. Los camioneros que entran en la lonchería se quedan mirando a los judiciales, pero nadie se acerca a nuestra mesa.

Desganada como un trozo de pollo, insisto a Montaño en mis medicamentos, pero él me dice que no tienen dinero y que después los comprarán. El hombre de cabello blanco les indica —como si yo no estuviera presente—: "Si sigue chingando, la esposan. Llegando a Puebla le dan la medicina", y enseguida se ríe.

Ellos dicen desconocer el camino y discuten porque de ida se equivocaron y tomaron una carretera libre muy jodida. El hombre de cabello blanco dice de pronto: "Tenemos que parar en Champotón; allí tienen unos cocteles de camaroncitos buenísimos; además, está bonito el mar para nadar y ya estará oscuro". Cruzan miradas y guardan silencio. Alejo mi plato; las náuseas no me dejan y me siento afiebrada. Por primera vez en años repito en silencio una oración católica que aprendí en la infancia.

Salimos, me suben al auto y ellos se quedan hablando entre sí; enseguida cargan gasolina. Ya en la carretera me preguntan que qué hacía en el baño con el "jefe" (comprendo que hablan del hombre canoso). Respondo que nada, pero ellos comienzan una perorata de insinuaciones sexuales; ahora es Montaño el que conduce y Pérez fuma sin parar. La tos se ha recrudecido. No sé cuánto tiempo pueda aguantar sin regurgitar a causa de los espasmos.

Comienzan a hablar acerca de si en Champotón van a ver el mar e insisten en que el mar de noche se ve muy bonito. Montaño me mira por el retrovisor y me dice bajito: "¿Sabe nadar de noche en el mar? Eso sí... se cura o se muere". Vuelve ese tono cruel; me inquietan los cambios de carácter del comandante. Guardo silencio y calculo cuántas horas faltan para llegar a Puebla. Pienso... si me tiran al mar, ¿cuántas horas podré nadar? Cubierta de escalofrío por la fiebre y el miedo, me abrazo buscando el consuelo de mis recuerdos. Miro por la ventana. Viendo la selva en la carretera, digo sin mirar a los policías: "Soy capitana de velero, sé navegar y nadar". Me percato de que lo dije en voz alta y ellos hacen burla. Entonces intento mantener mi mente ocupada con recuerdos gratos: pienso en mi familia, en mi madre. ¿Qué haría ella en una situación así?, me pregunté. Pensé en mis hermanos y hermanas; en mi padre, en si sabrían que me habían llevado los policías. Estaré bien, estaré bien, de seguro Jorge y mi equipo están haciendo todo para que no me maten, decía hacia la ventana como si el vidrio del automóvil pudiese enviar mi mensaje a alguna parte.

De repente suena el teléfono de Montaño, pero decido ignorarlo. De pronto me dice: "A ver, periodista, puede hacer una llamada". Le menciono un número y responde Jorge, mientras miro a los ojos a Montaño, pensando que me arrebatará el teléfono y hablo atropelladamente. Le digo que ya pasamos por Mérida, que estamos en Campeche. Me pregunta si estoy bien; como no quiero perder tiempo, contesto: "sí". En ese momento, Montaño pone su pistola frente a mi rostro y pierdo el hilo de la breve conversación. Jorge me informa que ya avisaron a Carlos Loret de Mola del secuestro, que ya salió en la radio, que no me preocupe, ya enteraron a las ONG's para que el gobernador de Puebla sepa lo que está sucediendo. De pronto dice: "Pero te van cuidando mujeres, ¿estás bien, verdad?" "¿Mujeres? No, ¡son hombres!" En el instante, Montaño me arrebata el teléfono y cuelga.

De pronto, Montaño me dice, casi en tono dulce, que espera que ya confíe en él, que es bueno. Le digo que sí. Entonces me pregunta que si no voy a ir de chismosa como todos los detenidos que luego van a las agencias de Derechos Humanos. "No —le aseguro—, no iré", tiembla mi voz. Entonces me dice que eso es bueno, porque ellos ya saben dónde vivo en Cancún y que vivo solita en ese departamento, que saben por dónde se entra fácilmente y esa reja es fácil de abrir. Enmudezco. La paz recuperada por unos segundos al escuchar la voz amorosa de Jorge se desvanece y en su lugar se instala un frío marmóreo; mi piel ya no tiembla, sino que es de hielo, de cristal.

Montaño detiene el auto y dice: "Veamos, a ver si es cierto que le caemos bien". Pérez se baja del auto y sube a mi lado, mientras Montaño arranca otra vez. El sujeto, robusto, barrigón y con aliento a cebolla se pega a mí. Me muevo y se acerca otra vez. Una vez pegado, me ordena que ponga las manos atrás. Obedezco. Saca su arma de la sobaquera y me dice: "¿Te gusta meterte con hombres de verdad?". No respondo, sino que apenas respiro. Toma su arma, una escuadra, y me la pone en los labios. "Abre la boquita", insiste, apretando la pistola y lastimándome los labios. Comienzo a hablar, intento decir que mi gente ya sabe que ellos me llevan, pero no puedo, siento el frío metálico del arma en mi lengua y un sabor salado, tengo náuseas. Haciendo movimientos semicirculares mete más el arma. "Si toses se dispara" me dice. Yo cierro los ojos, pero él me ordena que los abra. "¿No que muy machita para andar de bocona? Eres una criminal, el jefe va a acabar contigo", sigue hablando y mirando de reojo a Montaño, quien nos observa por el retrovisor. Montaño, con voz apacible, me pide que obedezca a su pareja, porque es muy acelerado y él no puede hacer nada para detenerlo.

"Yo debería de estar en la posada; allí la jefa nos va a rifar autos y otros regalos, pero aquí estamos, nos chingaste por andar de bocona." Sigue jugueteando un rato con la pistola en mi boca, la mete y la saca y hace comentarios obscenos de índole sexual. En un momento siento que me provoca el vómito y me dice casi juguetón: "École, que se dispara". Saca la pistola y me dice que ya la mojé con mi baba, que la limpie. La pone en mi boca. Me quedo inmóvil, baja el arma y la pasa en semicírculos por mis senos. El cuerpo se me tensa y me pregunta si ya no me siento tan machita. Me quedo en silencio. Con una mano jala mi pierna derecha y la abre. Rápidamente baja el arma y la pone entre mis piernas. Me ordena que las abra más, pero me resisto. "¿O prefiere nadar?", me pregunta. Nunca como en ese momento me extrañó tanto que incluso para torturarme me hablaran de usted, es algo que jamás comprenderé.

Yo vestía jeans y una blusa de poliéster roja. En movimientos rápidos saca el arma de mi entrepierna y la mete en mis senos, empujándola hasta lastimarme, con la boca de la pistola atrapa el pezón y jala la blusa. Con la mano en mis genitales me lastima, apretando mi hueso púbico. "Ya ves, esto te pasa por andar inventando que el jefe se mete con niñitas y esas cosas. Para que veas lo que se siente." Sigue hablando sin parar; yo siento el arma que lastima mi seno, siento que en cualquier momento mi blusa se romperá y quedaré descubierta; me angustio, intento respirar profundo y toso; instintivamente saco la mano de mi espalda para cubrirme la boca al toser. Entonces el agente se asusta y reacciona insultándome, creyendo que moví la mano para quitar el arma. Le digo que no e intento tranquilizarlo. Baja el arma otra vez y aprieta con fuerza mi abdomen bajo, pero le pido que no lo haga, pues necesito ir al baño. Se burlan los dos: "¿De verdad?, pues como quiera: o se avienta o se aguanta". Sigue oprimiendo con la pistola. Se dirige a Montaño y le dice: "No voltees, pareja, chécate el camino". Comienza a bajar el cierre de mi pantalón. Siento una incontrolable humedad en los pantalones. Retira la mano de pronto y comienza a gritarme que soy una cerda, cochina, que si no me enseñaron que hay que ir a mear a un baño y no en un coche. Le ofrezco disculpas y me descubro, explicándole que me estaba apretando y que es su culpa. Entonces le pide a Montaño que se detenga; éste lo hace y aquél se pasa al asiento delantero.

Retomo las sensaciones de mi cuerpo. Estoy temblando de frío, tengo fiebre. Como quien ha corrido un maratón, siento el dolor en todos los músculos del cuerpo. Intento meditar, rezar, lo que sea para poder soportar más tiempo en el auto. Cruzo los brazos, aterrada de que vuelvan a exigirme que los ponga detrás; por un rato no me ven ni hablan conmigo.

Mirando por la ventana, vienen a mi mente las imágenes de mi familia, de mi madre, riendo y abrazándome. Una cena en casa de los abuelos portugueses... toda la familia junta. "Así es esto —pienso—, tengo 42 años y voy a morir con un par de policías judiciales."

Una extraña sensación de tranquilidad me invade, siento las piernas dormidas. Pienso que así es la antesala de la muerte, recuerdo a mi abuelo. Poco antes de que partiera, yo estaba a su lado en la cama, tomando su mano, y me dijo: “No es tan malo morir cuando has vivido apasionadamente”. Imágenes de mi vida pasaron por mi mente y, por un momento, me sentí tranquila y olvidé dónde estaba.

De golpe vuelvo a la realidad cuando siento que el auto se detiene y conduce lentamente. Comienzan a hablar en voz alta, salgo de mi estupor y me doy cuenta de que tengo la espalda tensa, pero me siento fuerte, como si el miedo se hubiera ido con mis recuerdos. Aspiro profundamente, esta vez la tos no gana la batalla; entonces me percato de que el cuerpo se me ha adormecido. Sonrío, suspiro... no sufro más dolor. Por alguna razón, le agradezco en silencio a mi abuelo.

“¿Qué tal una nadadita?” se escucha la voz alegre de Montaño, mientras el otro enciende un cigarro. Recupero la tranquilidad y comienzo a explicarles que este maltrato se va a saber, que están violando mis derechos. Yo pensaba en las llamadas, en lo que me habían dicho de Loret de Mola y las organizaciones de derechos humanos; de seguro que para ese momento ya sabrían los nombres de los judiciales y de su jefe. Esa noción de una realidad más allá de mi miseria entre cuatro puertas de un automóvil me empoderó profundamente.

Ellos, en cambio, se ríen y Montaño, en tono muy amable, empieza a contar anécdotas de todas las veces que les han denunciado ante Derechos Humanos, pero comentan que no sirve para nada. “De todos modos siempre dicen lo que les da su chingada gana en los medios, pues una más ni quien les crea, ni pedo. Nosotros estamos siguiendo órdenes, es nuestro trabajo, sólo obedecemos; el jefe dice que usted es una criminal. En Puebla manda el patrón" dice Pérez, quien ahora quedó al volante y se queja de estar muy cansado.

Descubro que llegamos a Champotón; está oscuro; abren las ventanas y comienzan a preguntarme si eso que suena es el mar; yo respondo: "Creo que sí". Se les empareja la Liberty y ambos hablan desde las ventanas: "Aquí es el mar, está tranquilo. Vamos a ir a comer un coctel de camarones", les grita el hombre de cabello canoso. La avenida está desolada y todas las marisquerías cerradas. Me descubro hablando en un tono casi infantil, suplicante: "Pero está todo cerrado, ¡las marisquerías no abren a medianoche! ¿Por qué se van, a dónde van?" Ninguno responde. Ya en silencio pienso: se fueron para que me tiren al mar. Entonces hago una plegaria en angustioso silencio a mi madre muerta: "Por favor, mamá, por favor, que no me tiren al mar, nadie va a encontrar mi cuerpo". Enseguida escucho con alivio: "No... mejor vámonos ya" dice Montaño, pero es ignorado y la Liberty se da vuelta en U, dejándonos solos. Yo me siento más alerta que nunca, algo dentro de mí cuerpo estalla, es el miedo que se expande desde el vientre hasta las extremidades, dentro de la cabeza escucho el tamborileo de mi corazón. Estamos en el malecón de Champotón, no hay un alma cerca... nunca el rugido del mar me pareció más feroz.

Con las ventanas abiertas se escuchan las olas entre la oscuridad y el aroma de aire salado, acre de los moluscos que se sujetan de las rocas. De pronto apagan el motor y se baja Montaño. Pérez, el conductor, me pregunta desganado: "¿Qué no quiere nadar?" y con el arma en la mano me hace señas hacia la puerta. Se baja del auto y deja abierta su puerta. Congelada en el asiento, con un hilo de voz, le respondo que me siento mal y que no voy a bajar. Se quedan un momento parados viendo el mar, hablan entre sí, encienden un cigarro y toman del auto dos Coca colas y comienzan a beberlas: "Cuando quiera, eh" me dice el otro agente y se asoma al auto, agachándose. Montaño, a un par de metros y con un tono tranquilo como quien da la hora, me manifiesta: "En lo que vienen los compañeros con su cebiche, ¡ándele, una nadadita!". En un hilo de voz ahora sí audible dije: "Por favor, comandante, no... nunca van a encontrar mi cuerpo... por favor". Un ataque de tos me detiene. Me abrazo a mí misma y quedo petrificada en el auto, negándome a salir. Ellos juguetean con frases como "ándele, no que muy valiente para escribir mentiras y andar difamando; ándele, ¿ahora si ya no quiere escribir, verdad?"

Pérez sube la voz para ser escuchado: "¿Te acuerdas de aquella vez que se echó a correr el detenido del asalto?, pobre! Se nos fue un tiro y allí se quedó por desobediente! ¡Cuando quiera, chinitos! Aquí podemos pasar toda la noche".

Yo guardo silencio y me acurruco; sólo recuerdo que sentía pesado mi cuerpo e imagino el peso de una roca en mis piernas; de intentar sacarme del auto, tendrían que hacerlo arrastrándome. Sin embargo, ellos no están pendientes de mi angustia y siguen su juego verbal. Jesús Pérez suelta la frase como si yo no escuchara: "Como dice el jefe... era bien rejega, trató de escapar y se aventó al mar; tratamos de encontrarla, pero estaba oscuro". Montaño sigue callado, mientras Jesús sigue hablando y enciende un cigarro: "Se puso histérica y no pudimos sacarla... nosotros cumplíamos con nuestro deber de llevarla sana y salva".

Suena entonces el celular del agente Montaño, quien responde con monosílabos. "Sí, no, sí señor, no señor, sí, está bien, señor". Mientras habla, hace señas a su compañero y se suben al auto. Cuelga y espeta a Pérez: "Cambio de planes"; voltea a verme y en un tono socarrón dice: "Es usted famosa. Ya salió en la tele". Marca el celular y le dice a su interlocutor que hay cambio de planes y que los alcancen (son los de la Liberty).

Pregunto qué sucedió, pero no responden; platican entre ellos sobre órdenes del jefe. Ahora tendrán que manejar más rápido, es decir, a velocidad normal para llegar a Puebla tan pronto puedan. Entonces Montaño se dirige a Pérez: "Mejor, así llegamos temprano y el jefe se encarga". El otro responde, como descifrando...: "Hay cambio de planes, ¿qué pasaría?, ¿se la llevarán directo al jefe?"

La sensación de estar a salvo se apodera de mí; sin embargo, después de tantas horas de estar dentro de la montaña rusa, busco no elevar mis expectativas; la caída es demasiado dura para resistirla una y otra vez. Intento distraerme tratando de averiguar en qué kilómetro vamos. Me siento mal, sube la fiebre y, como en una perorata, por enésima vez pido mis medicamentos, pero ellos me ignoran. De repente Montaño me pasa de mal modo unas pastillas de dulce de menta y dice: "Allí está, para la tos".

La oscuridad de la noche abraza la carretera. Aumentan los accesos de tos y fiebre. Me atrevo a decirles que si me desean entregar bien, deben comprar mis medicamentos. Si lo hacen no diré nada; prometo como una niña que pide piedad a su captor. No me importa, lo que me preocupa es evitar recaer con la neumonía que me mantuvo en el hospital tres meses antes.

En el camino recuerdo el rostro dulce y conmovedor de Rosario Ibarra de Piedra. Comprendo entonces la angustia que me invade: imaginar a mi familia buscándome viva, perdida, o al menos mi cadáver, durante años, con una angustia inenarrable. El que nadie sepa qué sucedió en realidad, más que los crueles verdugos del Estado, le da otra dimensión al miedo. Ya no es mi miedo, sino el de mis seres amados. Cuando otros son dueños de tu destino, no piensas más que en tus amores. Imagino a Jesús. Viene a mi mente su imagen, la que Rosario carga sobre su pecho, y lo veo a él, a su hijo despidiéndose de ella, seguro de que sus principios le dieron paz al alma que partía. La certeza de la muerte es más noble que la de la incertidumbre de la tortura psicológica.

Pasamos Villahermosa y comenzamos a trepar la sierra de Veracruz. El frío se cuela por las ventanas delanteras, abiertas completamente. Los agentes fuman mientras yo, con el rostro pegado al vidrio, intento mantenerme despierta. A ratos recuerdo que mis brazos deben estar atrás; tenían derecho a esposarme, pues era su detenida. A ratos charlan entre ellos. El silencio se convierte en mi aliado. De vez en vez miró hacia atrás: los faros de la Liberty nos observan vigilantes. Montaño enciende un radio de consola UHF instalado en el vehículo. Prueban un par de veces para buscar la frecuencia de la Policía Judicial, pero no la encuentran aún.

La voz de Montaño irrumpe mis pensamientos: "En unas horas llegamos y, ya sabe, en lo que quedamos: usted dice que la tratamos bien y nosotros tranquilos. Si se pone de bocona, ya sabe, sabemos dónde vive y dónde trabaja, hasta a las playas que va". La voz vulgar de Pérez irrumpe: "Ya sabemos que le tupe a la cerveza y los biquinitos que usa... bien cachondos", suelta una carcajada. "¿Tenemos un trato, señora?", pregunta Montaño. "Sí, claro", respondo a media voz. Sigue en un monólogo con un tono amable, discordante con el contenido de sus palabras. Me explica que él es un hombre de palabra y siempre cumple; que si yo no cumplo mi palabra, me atengo a las consecuencias. "A mí me cuida mi jefe; a usted ¿quién la protege?". "Nadie", respondo, con la nimia esperanza de que se calle y me deje en paz.

De pronto bajan la velocidad, entra una llamada al celular y Montaño responde: "Sí, mi comandante Rocha, sí, sí, está bien, en la Esperanza nos vemos". Empiezan a comentar cómo Rocha se va a encabronar porque no siguieron sus órdenes. Encienden el radio y unos minutos después su comunicación con Rocha es por radio en clave y frases escuetas.

Al salir de Veracruz para entrar al estado de Puebla se desvían, entran en la ciudad y se paran en una farmacia. Todo es muy rápido, no doy crédito. Montaño abre la puerta y me pide que baje. "Le voy a prestar dinero de mi aguinaldo para sus medicinas", le escucho decir. Lentamente con las piernas adoloridas, desciendo del auto, desconfiando de que sea otra broma. No comprendo nada, pero agradezco, me acerco a la reja de la farmacia y pido mis medicamentos; pero sólo alcanza para pastillas para la tos, no para el antibiótico porque es muy caro, Y entonces volvemos al auto.

Llegamos a la caseta y leo un gran letrero en un edificio rosado, que parece un restaurante; ya amanecía. Nunca antes la luz del día me arrobó el alma como esa mañana. "la Esperanza", leo en el muro y no puedo evitar sonreír. Detienen por completo el auto al lado de un vehículo rojo. De él se baja un sujeto moreno alto de bigote, ostensiblemente molesto. Lo saludan como "jefe, comandante Rocha". Me mira de reojo y les ordena: "pónganle una chamarra". Montaño se quita su chamarra negra con siglas de la PJ y me la da, pero huele a sudor y a cigarro, por lo cual me niego a ponérmela. Me trajeron todo el viaje descubierta, con fiebre y destapada y ahora pretendían montar una charada. Montaño me dirige una mirada que me hiela la sangre: me dice que es una orden; ante ello, me pongo la chamarra sólo por encima. Los hedores de sudor y cigarro añejos llegan a mi nariz y controlo un arrebato de náuseas.

Rocha da la orden a dos mujeres judiciales vestidas de civil, que venían en su vehículo, para que se suban en el auto. Le ordena a Pérez que se baje y les dice a las policías casi a gritos: "Ustedes venían con ella desde Cancún". Las palabras se me escapan...: "¡Soy periodista, comandante Rocha, y ellas no venían conmigo!". Me arrepiento de haber hablado. El sujeto me mira fugazmente con un dejo de desprecio, luego me ignora y dirigiéndose a Montaño dice: "Déjala usar el teléfono pa' que avise a su familia. Aquí no pasó nada y si habla que se atenga a las consecuencias", sentencia Rocha, mientras las agentes vuelven del otro auto, con sus bolsas y enfundadas en sus envidiables chamarras para subirse a nuestro auto. Pérez se va con Rocha y la Liberty nos sigue atrás.

Puebla de los Ángeles de Kamel

Al entrar a Puebla me atrevo a pedir a Montaño que me deje avisar a mi familia. Primero él hace una llamada y avisa a su interlocutor que están entrando a Puebla. Luego marca el número que le dicto y me pasa el teléfono; no puedo creerlo. Lo tomo y escucho la voz de Jorge, mi pareja. Él habla apresurado, diciendo que están en la Procuraduría poblana y que allí me esperarían. Acierto a decir: "Me van a llevar a los separos y de allí a la cárcel". Montaño me interrumpe...: "No, a los separos no. Yo solamente bajo por un papelito y nos vamos directo al Cereso". Jorge escucha la voz de Montaño y cortamos la llamada.

Al llegar a la Procuraduría, el hombre de la Liberty se comunica por radio con Montaño y le indica que van a entrar por la puerta de atrás. Unos minutos después les cambian la orden y dicen en voz alta: "No, no, que está la prensa, que lleguen con las agentes a la entrada principal para que la vean con las mujeres".

A las 9:15 a.m. llegamos a la Procuraduría. Se bajan las agentes mujeres escoltándome, tomándome cada una de un brazo y actúan como si siempre me hubieran acompañado. Sin embargo, esto me importa poco y miro hacia arriba de las escaleras, que me parecen una montaña; no sé si mis piernas lograrán treparlas. Pero allá arriba veo a mi pareja, a mi hermana, veo las cámaras de Televisa. En ese momento, ya con poca fuerza, les dije mientras subíamos: "Hay videocámaras en las casetas de Mérida, se va a saber que ustedes no venían conmigo". Ellas guardan silencio.

Al dar el primer paso para entrar a la Procuraduría estatal, Alicia Elena Pérez Duarte, abogada de Derechos Humanos enviada por la PGR para asegurarse de mi bienestar, se me acerca y me pregunta si estoy bien. De pronto, Jorge, a manera de abrazo —como lo haría un mayordomo—, planta frente a mí una chamarra de ante color verde oscura, me dejo vestir con ella y por unos segundos nos abrazamos. Siento que voy a quebrarme, las lágrimas se agolpan en mi garganta y los ojos y salivo nuevamente, como quien comienza a llorar dentro de la boca, saboreando la libertad del llanto reprimido por casi 22 horas. Me abraza mi hermana, pero las agentes me jalan cuidadosamente del brazo y me dan la orden de seguir adelante.

Me llevan rápidamente hacia las oficinas y entramos en un despacho con mesas apiladas de documentos. Montaño pide unos papeles a una mujer y se asoman dos hombres que están en el fondo de la oficina, uno de ellos de ojos azules y cabello blanco muy elegante; está a unos tres metros de mí. Me mira con detenimiento y hace señas (luego resultó ser Hannah "Juanito" Nakad, el hombre que ordenó mi violación en la cárcel y que justo en ese momento hablaba con Kamel Nacif acerca de mí). Comienza a hablar en su celular, pero no alcanzo a escucharlo; él se da la vuelta y cierra la puerta de la oficina. De pronto llega un grupo de judiciales muy agresivos, quienes le indican a Montaño que espere; discuten unos segundos y Montaño dice tener órdenes para llevarme rápido al Cereso; sin embargo, los otros lo ignoran y uno me jala del brazo y me grita: "pa' bajo". Les hacen señas y las dos agentes que pusieron en el auto me escoltan, seguidas de otros. Todo sucede muy rápido y nuevamente una descarga de adrenalina fluye como cascada por mi cuerpo; me siento alerta y sin fuerza, pero incitada por la hiperactividad de quien huele el miedo y no sabe lo que le espera.

Me bajan a los separos y casi tropiezo; me tienen allí parada, mientras las agentes se ponen muy nerviosas. Intento captarlo todo y noto que hay dos grupos: unos que siguen órdenes de fingir mesura y otros que están muy enojados y dan contraórdenes. Un par de judiciales fortachones y malencarados salen de un cuartucho y me gritonean que camine. Me acercan a un tipo joven, a quien le sonrío en busca de compasión; estamos ya frente a un pequeño cuarto de fotografía y él está terminando de preparar una placa. Me mira rehuyendo a mis ojos, como si fuera un bulto, me empuja contra la pared, enfrente de todos me abre el saco y, fingiendo un accidente, me toca los senos sonriendo, me cuelga la placa con el número y se pone enfrente, me toma fotos, en automático me ordena que gire hacia los dos lados, me toma del cabello y me pega la cabeza contra la pared sin decir palabra. Los otros tres sujetos se ríen forzadamente. Uno de ellos dice: "Esta delincuente quién se cree". Uno alto, el que me dio la orden de bajar, me jalonea y luego me empuja y dice bajito: "Pa'dentro, pendeja". A la izquierda hay una puerta metálica y el esbirro abre el candado. Me empuja y quedo encerrada, ponen el candado y golpean la puerta.

De inmediato me doy cuenta de que estoy en una cámara de Gessel (un cuarto de confesiones con un espejo de dos vistas). Intuyo que desde el otro lado alguien me observa. "Testigos", pienso ingenuamente, está bien. Miro al frente: en el piso hay un colchón roto que huele a orines y sangre, resaltan múltiples manchas de sangre seca y brota la borra lastimosa y hedionda de una esquina completamente rota.

Unos minutos más tarde, abren la puerta y entra el hombre más fornido, quien con un par de insultos me dice que me toca sufrir una lección "para ver si quiero seguir escribiendo mentiras". No puedo creerlo, no tengo fuerza para creerlo. Mi familia está allá arriba, a unos metros y ¿me van a golpear? Estoy sentada en una banquilla delgada, forrada de vinil negro y roto por todas partes, el cual deja al desnudo la madera vieja que ha sido testigo de quién sabe cuantas torturas. Enmudezco y me quedo paralizada, recargando la cabeza contra la pared. El hombre me sigue insultando e insiste en que soy una criminal; lo miro y por mi mente sólo pasa la pregunta de cómo puede este desconocido tener tanto encono infundado. Pierdo la noción del tiempo y, con la desesperación, el miedo se desvanece; sólo quiero romper a llorar, pero resisto; ignoro cómo, pero resisto.

Enseguida se abre la puerta. Como en un universo paralelo, en el que nada sucede linealmente, dejan entrar a la cámara a un hombre con una chamarra que porta las siglas bordadas de la Comisión Estatal de Derechos Humanos. Se para frente a mí, sosteniendo un papel en la mano y una pluma en la otra. El olor excesivo de una loción con aroma de lavanda y maderas irrita mi olfato; con la cabellera relamida de brillantina y un rostro bobalicón, me llama la atención. El sujeto actúa de manera extraña y me saluda como si estuviésemos en una cafetería y no en un cuartucho de torturas; no me pregunta, sino afirma, que fui muy bien tratada por la policía y debo firmar ese documento de Derechos Humanos. En ese instante, con la puerta abierta, detrás de él entran varias personas: con disimulada alegría, veo la figura *petite* de Araceli, mi compañera y abogada del CIAM, y a una joven reportera de Televisa de Puebla, con un camarógrafo. La reportera me planta el micrófono. Hago una torpe y rápida declaración sobre el maltrato. No me siento lúcida, sino débil y profundamente angustiada. Pocas veces en mi vida he sentido esa clara mortificación que genera saberte tan vulnerable, que tu vida y tu cuerpo están en manos de desconocidos y no hay absolutamente nada que puedas decir o hacer para transformar esa circunstancia. Araceli se me acerca y, resistiendo el llanto, le digo: "Sácame, por favor, me van a golpear". Ella palidece, el miedo era compartido y la abogada tenía más información que yo: sabía que el gobernador apoyaba a Kamel. Ella es originaria de Puebla y allí estudió derecho, lo cual le daba la ventaja de tener fuentes locales en el juzgado que sabían algunos detalles acerca de quiénes y cómo habían orquestado mi arresto.

Sale la reportera y, ante mi azoro, el hombre (quien luego habría de enterarme que es nada menos que el presidente de la CEDH y trabaja para el gobernador Mario Marín) insiste en que firme el documento y todo saldrá más rápido. Percibo un chantaje velado. Me niego a firmar y a cambio el sujeto me dice que me veo muy bien, que no parece que fui maltratada.

Salen todos y me encierran otra vez con candado. Antes de salir, Araceli, la abogada, me informa que parece que ya amenazaron a los abogados poblanos que ella consiguió para sacarme de la cárcel. Ni siquiera había conocido a mis abogados locales. Antes de salir, Araceli me dice casi al oído: "Parece que el gobernador Marín está protegiendo a Nacif Borge, no te quieren dejar salir". Fue la primera vez que escuché el nombre del gobernador.

Unos segundos más tarde, el director de la Policía Judicial, Adolfo Karam, ordena que me suban a sus oficinas. No puedo dejar de pensar quién será el jefe en cuyas manos estaré. Aquél del que Montaño habló en el auto. Al entrar me encuentro de frente con la delgada figura de la senadora Lucero Saldaña. Al verme, instintivamente extiende sus brazos y yo, como niña, me arrojo a ellos; nos abrazamos y por primera vez en 24 horas lloro: no es un llanto suave, sino un sollozo incontenible, mi cuerpo todo llora de angustia. Lucero me aprieta como lo hace una madre cuando quiere que su niña sepa que puede asirse de esos brazos fuertes, y me dice al oído que Dios me puso en estas circunstancias y él me protegió para llegar viva. "No te quiebres, no ahora —dice dulcemente—; estás aquí y estás viva, no dejaremos que hagan nada más fuera de la ley. Te vamos a sacar, es un delito que no amerita cárcel." Rápidamente invoca a mi oído unas frases de una oración y me suelta. Nuestras miradas se cruzan y, a pesar de tener el rostro desencajado, sus ojos me miran para arrebatarme un compromiso de fortaleza. Me da un pañuelo para que me limpie las lágrimas.

Sentada en un sillón de piel negro, al lado de la senadora que pertenece al mismo partido que el director de la policía y que el propio gobernador Marín, escuché unas palabras vacuas del jefe policiaco. Apenas entonces ligo dos imágenes: él había estado abajo, sonriendo irónicamente en la cámara de Gessel, cuando el de la Comisión de Derechos Humanos quería forzarme a firmar que no fui torturada. Una corriente de aire helado recorrió mi cuerpo otra vez. ¿Quién tiene tanto poder para mover todos los hilos contra una periodista desconocida? Yo no tenía respuesta, no en ese momento.

Reaparece Montaño y me sacan rápido, aunque atisbo a lo lejos a mis familiares. Otra vez en el auto azul camino hacia la prisión, Montaño se da cuenta de que se les olvidaron los documentos de entrada a la cárcel, lo cual es inconcebible. ¡Qué ironía!: me siento segura yendo a la cárcel. Ya había demasiada gente afuera, incluida la senadora, para que se atrevieran a seguir maltratándome.

En el auto no pude resistir preguntar a Montaño: "Ésos estaban pagados para golpearme, ¿verdad?" Silencio. Yo insisto: "Hasta ustedes se asustaron, ¿Cuánto habrá pagado Nacif?". Las dos mujeres judiciales intercambian miradas. "¿Ustedes también se dieron cuenta, verdad? Les veo la cara de preocupación". Una de ellas, la más joven, baja la mirada y no responde, mientras la otra mira a la calle sin contestar. Detrás de nosotros van varios autos y entre ellos mi familia, defensores de derechos humanos y medios.

Llegamos a la cárcel y Montaño —como si fuésemos viejos compañeros de viaje— me dice que allí terminó su trabajo y me entrega con un guardia. Su mirada me turba, es casi melancólica. "Entonces, señora Cacho, tenemos un trato; todo tranquilo, ¿verdad?" Respondo que sí, que cumpliré mi palabra. Un custodio me pide que firme un libro. Al tomar la pluma rebotan en mi mente las palabras de los policías. Ellos saben dónde vivo y dónde trabajo y están protegidos. Muevo la cabeza para ahuyentar la idea, como quien espanta a una mosca que ronda el rostro en un día caluroso. Escucho una voz masculina que me ordena seguir a la oficial. Frente a mí hay tres policías vestidos de negro, a la usanza militar y con armas largas, todos los cuales me miran cuidadosamente y se ven entre ellos. Una mujer, con uniforme diferente, azul marino, me toma amablemente del brazo y me mete a un pequeño cubículo. La puerta es de acrílico y aluminio, forrada de una película plástica que aparece desgarrada en varios puntos. Puedo ver a través de la puerta a los policías apostados intencionalmente frente a ella, quienes pueden verme. La mujer me pide que me desnude; para oponerme, alcanzo a explicarle que tengo bronquitis, que está helado y que no traigo nada en mí. La custodia, en un tono monocorde, dice: "es obligatorio". Entonces comienzo a quitarme la ropa y tiemblo. El piso está helado; miro hacia la puerta inquiriendo: ¿y ellos? La mujer se para frente a mí, para tapar con su baja estatura lo más posible mi cuerpo completamente desnudo y me revisa. Las miradas de los hombres armados están allí presentes y de pronto pierden importancia, pues no hay nada que pueda hacer para evitar su lascivia. Al tocarme para que me dé la vuelta de espaldas, pregunta casi azorada: "¿Tiene fiebre?". Asiento con la cabeza; me siento humillada, sin fuerzas para pelear. Entonces me indica que me vista rápidamente.

Mientras me pongo el saco, la mujer me pregunta si soy la de la televisión, la que escribió el libro acerca de Kamel Nacif. La miro azorada y le digo que sí. "Nacif tiene gente aquí adentro" dice en un tono de complicidad. De pronto escupe una frase: "No deje que la lleven a alta seguridad". En ese momento llega otra celadora, robusta y de cabello corto y rizado, con un rostro amable que me mira casi con dulzura. Le pregunto su nombre. Griselda me lleva de un brazo mientras la otra va a mi izquierda. Nos van siguiendo los tres policías armados. En voz baja, como movida por una solidaridad inevitable, me dice: "Todo está arreglado para que la golpeen y la violen". Apenas puedo preguntar: "Pero ¿cómo?, ¿quién!?". "Unas presas, con palos de escoba." Rogué en voz baja, como quien reza ante lo inevitable: "Por favor, por favor, no dejen que me lastimen", repetí en un vilo.

No siento el cuerpo, camino casi arrastrada por las custodias; los policías argumentan con ellas que me entreguen, que me tienen que llevar a otro lado; todo sucede rápidamente y me llevan por varios pasillos, cruzamos compuertas. Una de las custodias responde casi a gritos a los policías que me llevarán a la enfermería para tener certificado médico y ellos aceptan. "Pero la traes de regreso", grita uno.

Pasando la última compuerta, una joven custodia dice mi nombre y abre la reja eléctrica. Frente a mí hay un patio soleado, una carpa blanca bajo cuya sombra mujeres sentadas charlan entre sí y con niños y niñas. Del salón del lado izquierdo surge una desafinada música de estudiantina. La custodia me explica que los sábados son días de visita. "Las celdas están allá", señala, y explica que no pueden llevarme adentro porque no saben cuáles son las presas pagadas para hacerme daño. Me siento confundida: ¿no era afuera con los policías?; empero, ya no me atrevo a preguntar. Me llevan a la enfermería, donde me esconden para protegerme, mientras la doctora me ofrece un par de aspirinas. No he comido y un momento después de tomarlas mi estómago arde como lava volcánica. Una joven presa recostada en la enfermería, conectada a un suero, platica sin parar y me hace un par de preguntas. El cuarto es pequeño, huele a una mezcla de sudor, orines y medicamentos. Pido entrar al baño y descubro que no tiene agua, la taza está descompuesta y debo tomar una palangana con agua gris para que fluya el fétido líquido. El resultado es repulsivo, por lo que salgo rápidamente, pero el hedor del cuarto no es mucho mejor. El aire afuera es frío de invierno, por lo cual las ventanas se mantienen cerradas. Observo a la joven. Por su brazo izquierdo se enreda la hermosa figura estilizada de un dragón; entonces se dirige a mí y yo, con la boca seca y la mente obnubilada por la carencia de sueño y alimentos, sonrío desganada. "¿A ti te metió aquí Kamel Nacif? No vas a salir. Aquí él manda, muchas chavas están presas aquí por quejarse del maltrato en las maquilas." Respondo, casi harta, que mi delito no amerita cárcel, que saldré en unas horas. "El mío tampoco, ni pruebas tienen y llevo aquí seis meses", dice la joven, con una voz casi compasiva. Trago saliva; silencio.

La otra celadora vuelve a entrar. Como quien da el clima, me comenta que parece que voy a quedarme hasta el 2 de enero. Mis ojos se inundan de miedo, flotan en la sal de unas lágrimas que no se atreven a derramarse mientras las palabras huyen despavoridas de mi mente y mi lengua. Soy una isla.

Entre ellas hablan acerca del poder que tiene Nacif en Puebla y de su socio, que explota a los presos con sus maquiladoras. Me siento encerrada, por lo cual pregunto a la celadora si hay otro lugar donde pueda sentarme; no lo digo, pero me asfixian el olor, la conversación y el miedo. Enseguida me llevan a la biblioteca, donde una custodia pasa poco más de una hora a mi lado y me cuenta respecto a las presas y las injusticias y en relación con las jóvenes reclusas. Yo, sentada en una silla frente a una pequeña mesa, recargo los brazos para reposar la cabeza en ellos. La custodia me dice que debe salir y, mientras tanto, que lea un poco.

"¿Tiene un lápiz?", le pregunto. Ella me acerca un pequeño lápiz apenas con punta. Me levanto y recorro la mirada por un medio centenar de libros viejos: me topo con uno de Vasconcelos. Lo abro y leo las primeras frases, la declaración de un preso que se declara inocente; es un cuento. Tomo el lápiz, meto mi mano en el bolsillo trasero del pantalón y encuentro una tarjeta de presentación que me dio alguien la mañana antes de mi arresto. Transcribo unas frases del cuento: leo lentamente y pienso en el agradecimiento que le tengo a mi madre por haberme convertido en una lectora voraz. La literatura nos rescata del mundo, nos lleva a otras realidades. En ese momento, como en ningún otro antes, me sentí agradecida por poder sustraerme del mundo con las palabras de un tercero.

Entra la custodia y me dice que me llaman a rejilla. Caminamos por los pasillos y pasamos una compuerta. Abre una reja como de encierro de animal y me explica que debe cerrarla (ella estará sentada a mi lado, afuera). Me tomo de los barrotes y siento mis piernas flaquear, no puedo mantenerme de pie, me agacho y se lo digo a la celadora, quien amablemente me pone una silla y me hinco en ella. A los ojos de los que me ven del otro lado de la rejilla aparezco parada. Ante mí surge una mujer de labios carnosos, cabello corto castaño oscuro, tez pálida y mirada ansiosa, quien me saluda amablemente y se presenta como la juez quinto penal, Rosa Celia Pérez González, y me explica que decretó mi detención a las 10:45 a.m. No entiendo el lenguaje pero asiento. Me explica que tengo derecho a una audiencia pública y digo que sí. Insiste cautelosa en que será muy incómodo para mí, pues hay muchos medios y cámaras de televisión; sin embargo, siento alivio: quiero que mis colegas estén aquí, que vean todo, que lo registren. Digo que sí y noto su nerviosismo.

Se acerca a la rejilla Araceli, junto con Jorge, mi pareja, y poco a poco siento que mi pecho se libera de la angustia. Jorge saca su teléfono celular y me dice: "sonríe", lo cual no puedo evitar. Es un hombre capaz de hacerme reír en los momentos más difíciles. Hasta la fecha guardo esa fotografía en la que sonrío a través de la rejilla, mirándolo agradecida, queriéndolo por ser capaz de semejante broma.

Se celebra la audiencia preparatoria en la que conocemos por fin la denuncia de Kamel Nacif y las pruebas que ofrece. La juez me lee toda la acusación y comprendo por fin que en realidad se trata de la defensa del pederasta Succar Kuri. La acusación de Kamel Nacif incluye un documento en el cual Emma, la víctima que acusó a Succar, firma una retractación parcial; no lo puedo creer. Me vuelve la adrenalina y con ella el filo periodístico. ¡Si permanezco en prisión, el juez estadounidense creerá que el contenido de mi investigación es falso y ayudará a que Succar salga libre! Las niñas serán cooptadas por los pederastas otra vez. No, no podemos callar esto.

Me reservo el derecho a declarar y solicito mi libertad bajo caución, la cual se fija primeramente en $104 000 que deben ser pagados en efectivo. Mis abogados piden la ampliación del término constitucional para que se determine mi situación jurídica. Era sábado, cerca de las 15:00 horas: los pocos bancos abiertos estaban cerrando en ese momento y a mi familia y amigos no les era posible conseguir más que $70 000; vaciaron sus bolsas y sus carteras y salieron corriendo a cajeros automáticos. Si la juez se iba y no pagaban la fianza a tiempo, tendría que quedarme en prisión hasta el lunes. Ésa era la intención real, pues luego la abogada me explicaría que en casos similares al mío, en la historia de los tribunales poblanos la fianza más alta había sido de poco menos de $20 000.

Mi abogada solicita a la juez que reconsidere el monto de la caución y la reduzca. Ella acepta, no sin antes hacer algunas llamadas desde el teléfono del juzgado y, después de 30 minutos, lo acuerda favorablemente y quedan los $70 000 depositados en efectivo en el juzgado.

Más tarde sabríamos, por las investigaciones de la PGR y de la Suprema Corte de Justicia, que la juez llamó al presidente del Tribunal Superior de Justicia de Puebla, Guillermo Pacheco Pulido, a su celular y éste, a su vez, al gobernador Marín y a Hannah "Juanito" Nakad, es decir, las redes de complicidad que obedecían a Kamel Nacif funcionaban adecuadamente.

Los medios rodean a la juez y lo escuchan y graban todo; me siento cobijada y entiendo mejor que nunca el poder del periodismo cuando da voz a quienes han enmudecido por el aplastante peso de la violencia; agradezco las preguntas insistentes y atropelladas e intento responder a todas, con la poca energía que me queda. Me avisan que salgo libre bajo caución alrededor de las tres y media de la tarde. La custodia me dice que debo volver adentro. "No", le contesto suplicante a la fiscal especial, Alicia Pérez Duarte, quien estaba ahí enviada por el general Serrano, de la Subprocuraduría de Delincuencia Organizada. Me dice que está bien, que en un par de horas saldré.

Luego, ya en mi terapia meses después, comprendería por qué me invadió un ataque de pánico. A lo largo de las horas anteriores, cada vez que todo parecía entrar en orden, una tortura más se presentaba, el trauma comenzaba a asentarse en mi memoria, registrando el sube y baja de la violencia preparada para mí. Los elementos invisibles de la tortura sólo pueden entenderse cuando se viven en carne propia. Esa sucesión de eventos blanquinegros son los que quiebran a tanta gente encarcelada y la hacen salir de prisión pidiendo perdón, suplicando libertad. Sólo quien lo vive sabe que los minutos parecen horas y éstas días. Asimismo, la vida se percibe miserable y oscura.

Me llevan de regreso a la cárcel, otra vez a la enfermería. Por alguna razón me protegen mucho las celadoras, quienes no dicen nada, pero intuyo que algo sucede. Yo tampoco hablo. Dan las 15:30 horas y me llaman otra vez. Casi me desmayo cuando me avisan que me llevarán a las oficinas del director de la cárcel. Entran dos policías en silencio y la celadora me deja allí. Vuelve con su pestilente loción el hombre de Derechos Humanos del estado de Puebla Y nos dejan solos. Me presiona para que le firme un documento. "Mire, ya va a salir, ya la vio la prensa que todo está bien, que no le hicimos daño. Si firma rapidito, sale. Escriba que la trataron con respeto." Sin embargo, me niego y uno de los policías me dice que es para que salga ya. Me percato de que estoy encerrada en una oficina con un policía armado y el tipo de Derechos Humanos. No soy capaz de medir el peligro que ello pueda entrañar o si no lo hay. Sonríe con el papel en la mano y me dice; "Si no firma, no sale hoy; ya se va la juez". En la desesperación, tomo el papel y firmo una hoja. Intempestivamente entra el director del Cereso. Con una amabilidad teatral se presenta, me da la mano, les pregunta a los policías qué hacen y dicen que necesitan que yo firme unas cosas; entonces los regaña y me ofrece disculpas otra vez. Percibo que hay dos fuerzas encontradas: unas que me protegen y otras con órdenes de maltratarme. Me sacan los policías muy rápido, escoltada por varios hombres armados. De pronto quedo en la calle en libertad. Miro a mi alrededor;

Lydia Cacho, autora de *Los demonios del edén*, libro fundamental del periodismo mexicano de los últimos años que conmocionó al país al descubrir una red de pederastia amparada desde las altas esferas del gobierno. **Foto:** José Castañares, *La Jornada de Oriente.*

Como reportera en Chiapas, días después de la masacre de Acteal, efectuada por grupos paramilitares en 1997. **Foto:** Archivo de la autora.

Con el periodista Ricardo Rocha, entrevistando a Jane Fonda y a Eve Ensler el 5 de enero de 2005 en Ciudad Juárez. **Foto:** Archivo de la autora.

Durante 2007, platicando con niñas abusadas en el refugio de Cancún. **Foto:** Marcelo Salinas.

Recibiendo el premio Yo Donna de manos de la vicepresidenta del gobierno español, María Teresa Fernández de la Vega. **Foto:** Archivo de la autora.

Felipe Calderón, entonces candidato a la presidencia de la República, saca tarjeta roja a Mario Marín y exige juicio político en su contra. 16 de febrero de 2006.
Foto: Periódico *Síntesis* de Puebla.

Felipe Calderón, ya como presidente de México, da su total respaldo a Mario Marín en Huaytlapan, Puebla, durante su primera gira de trabajo.
10 de enero de 2007. **Foto:** José Castañares, *La Jornada de Oriente.*

Felipe Calderón, como candidato del PAN a la presidencia de la República, Josefina Vázquez Mota, entonces coordinadora de campaña, y Lydia Cacho, durante una reunión con mujeres de la asociación Alter Pacíficas A.C., en la ciudad de México. 19 de enero de 2006. **Foto:** Moisés Pablo, Cuartoscuro.

Lydia Cacho escucha "los cargos" que interpusiera en su contra Kamel Nacif.

Vicente Fox, presidente de México, saludando al "ciudadano ejemplar", Kamel Nacif, en San Cristóbal de las Casas. **Foto:** Víctor M. Camacho, *La Jornada.*

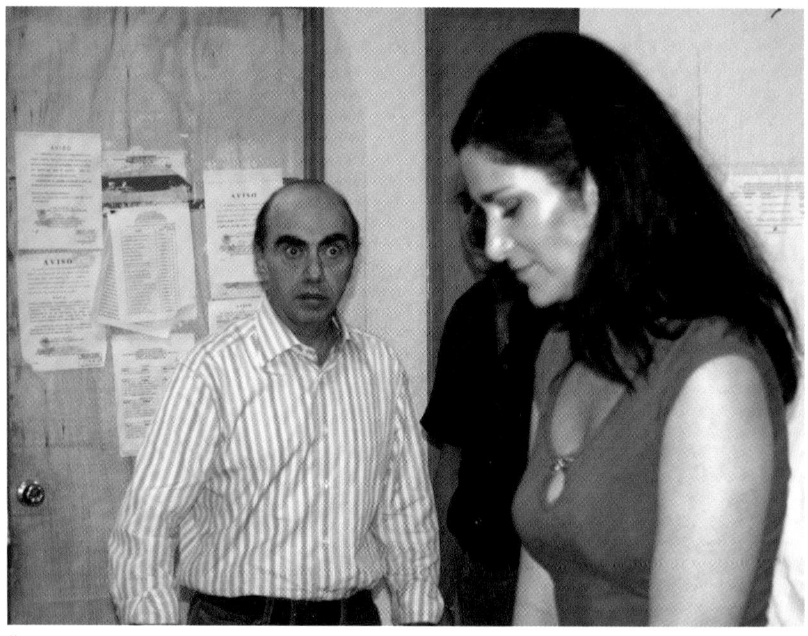

"Me convertiste en un monstruo...", reclama Kamel Nacif a Lydia Cacho en el segundo careo procesal realizado en el juzgado de Cancún, el 29 de septiembre de 2006. **Foto:** José Luis López Soto, *La Jornada.*

Jean Succar Kuri, "El Johnny", al llegar extraditado a México el 5 de julio de 2006. **Foto:** José Antonio López, *La Jornada.*

Cuarenta mil personas marchan en Puebla exigiendo la renuncia de Mario Marín el 27 de febrero de 2006. **Foto:** José Castañares, *La Jornada de Oriente.*

El 2 de enero de 2007, con su familia, después de que se le otorgara el auto de formal libertad. **Foto:** Archivo de la autora.

Lydia Cacho durante la sesión de la SCJN en la que se resolvió ampliar la investigación de las graves violaciones a sus garantías individuales. **Foto:** Eikon.

es un estacionamiento de terracería, pero no veo a mi familia. A lo lejos les veo esperándome en la otra salida a unos 500 metros. Corremos a encontrarnos, en tanto que los colegas de los medios siguen allí. Abrazo a mi hermana Myriam y a mi pareja; además, mis amigas están allí. Es el fin de la pesadilla, pienso y sonrío como si hubiese vuelto a nacer; me siento feliz, entera, viva y acompañada.

4

El "góber precioso"

La sensación de libertad se extendió apenas unas cuantas horas, justo lo que duró una comida en la cual amigos y familia transitábamos por la falsa euforia de haber alcanzado la libertad, y una silente angustia sembrada por la percepción, apenas atisbada que los hilos del poder jalados por Kamel Nacif tenían alcances insospechados. Para el momento en que sirvieron el café, la sombra del auto de formal prisión ya rondaba nuestra mesa.

Al salir de la cárcel, me enteré de que los abogados locales habían durado sólo unas horas y luego renunciado por miedo a las represalias de Marín y al aparato de justicia poblano. Por ello, comenzamos a buscar otros abogados y la pesadilla renació. La juez nos había dado aviso el sábado mismo en que salí de la cárcel que tenía apenas hasta el martes para reunir todas las pruebas para evitar el auto de formal prisión. Estábamos en Puebla, sin abogados penalistas, mis pruebas se hallaban en casa en Cancún y gran parte de los recortes que había guardado en una caja de cartón habían perecido dos meses antes de mi arresto, cuando el huracán *Wilma* azotó con furia a Cancún y mi departamento —como cientos de viviendas—, se inundó durante más de una semana sin que yo pudiese volver a entrar en él. Estábamos a unos días de la Navidad y nadie respondía nuestras llamadas. Araceli, la abogada del CIAM, colaboraba de manera solidaria: viajó a Cancún y trajo consigo a la capital tantas pruebas como hallaron en ese momento; pero ella es especialista en derecho fiscal y familiar, de modo que necesitábamos a una o un penalista francamente especializado. El primero que dijo que sí nunca llegó a la sesión del Tribunal el día de la audiencia luego de sufrir un ataque de diarrea que le impidió salir de casa. Quien nos lo recomendó admitiría después que el litigante había pasado toda la noche revisando mi libro y las pruebas, y no tuvo la honradez de avisarnos que estaba acojonado y se sentía rebasado y enfermo.

Movimos nuestro "cuartel de defensa", como entre bromas lo bautizó Jorge. Mi hermano José Ernesto, Jorge y yo desentrañábamos todas las complejidades de la historia de años del caso Succar que habían llevado a mi detención. Los estragos de la tortura y la adrenalina me impedían dormir, me sentía en una carrera contra el tiempo, sabía que tenía pruebas para sustentar mi libro, y el pánico de volver a prisión y pasar allí cuatro años era mi motor más efectivo. Finalmente, tres días después de haber salido de prisión y con la angustia sellada, concluimos como pudimos un primer expediente de defensa. Araceli fue a Puebla para entregar las pruebas, solicitando mi libertad por falta de elementos; luego habría tiempo para quebrarse. El viernes siguiente, tres días más tarde, tendría yo que ir a Puebla para que la juez dictara su resolución: auto de formal prisión o falta de elementos para sostener la denuncia de Kamel Nacif.

José Luis Santiago Vasconcelos, subprocurador del área de Delincuencia Organizada, me pidió que le avisara la hora en que saldríamos a Puebla. Él tenía información que no compartió conmigo, sino simplemente me dijo que enviaría un par de camionetas blindadas para nuestro viaje a Puebla y seis elementos especializados. Por ningún motivo habríamos de viajar solos en la carretera.

Dos días antes de Navidad, en un convoy con mi familia, el abogado y algunas amistades solidarias, salimos del DF hacia Puebla. Nos hospedamos ya tarde en un hotel local, para estar a primera hora en el juzgado. Jorge y yo dormimos casi nada, abrazados; hablábamos poco, pero nos alentábamos con frases hechas, asegurándonos mutuamente de que saldríamos bien de ésta.

Esa mañana bajamos al restaurante y nos encontramos ahí con mis hermanos y hermanas; Araceli estaba lista con todos los documentos, en tanto que Jorge, periodista profesional y adicto de la información, se levantó para llevar a la mesa los periódicos del día. Los hojeamos y en mis manos quedó una plana completa con el encabezado "Delincuente". Las declaraciones del gobernador de Puebla, Mario Marín Torres, en las que me califica como delincuente, aparecían en varios diarios locales. Yo bebí un sorbo de café y dije parsimoniosamente en la mesa: "Me van a dar auto de formal prisión"; sin embargo, mi hermana Sonia decía que no y me urgía cariñosamente a no ser pesimista. A mí me quedaba claro: si mucho antes de que la juez dictara auto de formal prisión el gobernador se atrevía a declararme culpable, eso —era evidente— estaba arreglado de antemano. En otro diario, la procuradora de Justicia, Blanca Laura Villena, declaraba sin rubor que en caso de que la juez no me declarara culpable, "ella personalmente se haría cargo de encerrarme en prisión". Veíamos los diarios y no lo podíamos creer. La procuradora declaraba con un ahínco inusual para ser la encargada de resguardar el principio de derecho constitucional de que "toda persona se presume inocente hasta que se demuestre lo contrario". No hacía falta ser periodista para percatarse de que Kamel Nacif tenía en el bolsillo al gobernador y a la procuradora, pero ¿por qué?, ¿qué le debían?, preguntó mi hermano mayor.

Salimos del hotel con anticipación y fuimos al juzgado a las afueras del penal. Una cantidad inusual de periodistas nos esperaban; caminamos en silencio y sólo dije que habría que esperar. Yo llevaba en la mano el periódico con la declaración del gobernador y entré con él al juzgado. En la puerta, rodeada de mi familia y con mi pareja al lado, les dije: "Vamos por el auto de formal prisión". Yo necesitaba estar preparada, no quería darme derecho a la esperanza; ya habían pasado cuatro noches luego del viaje de la tortura. Las pesadillas no me dejaban descansar, pero no estaba dispuesta a hacérselo saber a los cómplices del pederasta. Pensaba en las niñas valientes que, todavía en Cancún, seguían en terapia sobreviviendo la ignominia de haber sido sometidas a la pornografía por Succar Kuri. "El libro es por ellas, por las pequeñas", pensaba en silencio. Por ellas estamos aquí, me quieren acallar para acallarlas a ellas.

Entramos a la sala y la juez me recibió con la abogada: me saludó de mano, la cual estaba sudorosa e inquieta. Los medios la observaban y el ventanal no dejaba lugar a secretos. Enseguida le dije: "Sé que usted hará lo que es ético; soy inocente". La juez sonrió con una mueca inescrutable y en lugar de que ella nos diera su resolución, fue un secretario del juzgado. Sin mayor prolegómeno, rodeado de medios leyó el auto, sin siquiera dedicarme una mirada, fijando la suya en el papel: "Se le dicta auto de formal prisión por los delitos de difamación y calumnia". Un zumbido colectivo de aspiraciones y suspiros llenó la sala. Una cascada de energía helada se derramó por dentro de mi cuerpo. Las reporteras y los reporteros y camarógrafos se movieron y nosotros salimos con lentitud; mientras, yo respiré profundamente. Araceli me miró con los ojos rasados de lágrimas, pues se sentía culpable: ella es abogada y mi compañera de trabajo y creyó que podía depender de ella. Luego entendería que todas estábamos rebasadas: el plan había sido urdido con antelación y en nuestras manos no había más que intentar defendernos con dignidad.

Al salir instintivamente levanté sobre mi cabeza el diario y por primera vez declaré que el gobernador Mario Marín estaba de alguna manera implicado en mi secuestro legal, que habría que investigar qué movía a un gobernador para actuar como juez penal en un caso que era aparentemente entre dos particulares, Kamel Nacif, socio y protector del pederasta Succar Kuri, y yo, la periodista que publicó la verdadera historia narrada por sus víctimas.

Al día siguiente comenzó lo que durante más de un año sería una interminable marejada de declaraciones en los medios que fueron revelando piezas de la historia, muchas de ellas incomprensibles para la mayoría de la gente, hasta que dos meses después aparecieron las llamadas telefónicas que explicarían que mientras esto sucedía, Kamel le llamaba a Marín bautizándolo amorosamente como "mi héroe, mi góber precioso" por haberle hecho el favor de manejar el aparato de justicia para encarcelarme y torturarme.

Comenzamos a hacer una recolección sistemática de todos los periódicos, videos y casetes de radio y entrevistas en las cuales las autoridades poblanas y el propio Kamel declaraban en contra mía. Entre ellas apareció una joya: una entrevista realizada a Kamel Nacif en el periódico *Reforma*, publicada el 20 de diciembre de 2005, en la cual Nacif da "las gracias públicamente al gobernador" por haber hecho justicia, ya que, asegura, él mismo le dijo al mandatario: "Esta vieja me está injuriando y, zas, que sale la orden de aprehensión". De nada sirvieron los vanos intentos que posteriormente hizo Nacif para rectificar el señalamiento directo que hizo sobre la participación del gobernador, así como los comunicados de Marín por medio del vocero Valentín Meneses. Los demonios andaban sueltos; acostumbrados a ejercer el poder abusivo, todos, desde Nacif hasta el gobernador y la procuradora, pasando por el jefe de la Policía Judicial, declaraban con un rictus de honor en el rostro, anticipando que "la loca mentirosa de la periodista", como me llamó Nacif en la radio, no podría probar ante tribunales la colusión delictuosa que armaron para proteger al líder pederasta Succar Kuri, mediante su padrino Kamel Nacif.

Narré una y otra vez la historia del viaje y la cárcel. La procuradora declaró ante TV Azteca de Puebla que se me había tratado con pleno respeto a mis derechos humanos, que era una lástima que yo hubiese inventado semejante historia. Un año más tarde quedaría demostrado que dije la verdad.

La juez decretó que cada semana habría de ir a la cárcel a firmar; no obstante, yo vivo en Cancún y la cárcel está a 1 500 kilómetros de mi hogar. ¿Cómo podría mantener ese oneroso gasto de viajar pagando $6 000 semanales sólo para firmar mi libertad bajo caución? La búsqueda de una o un defensor penalista siguió afanosamente; mientras, sostenía conversaciones con la editorial Random House, que con el sello Grijalbo había publicado *Los demonios del edén,* el libro que me llevó a prisión. El director me comentó que la gente estaba pidiendo el libro en todas partes. Mi investigación periodística se había vendido bien; sin embargo, yo no había recibido todavía un centavo de regalías por ello. La mayoría de autores se conforman con el anticipo, por pobre que éste sea, y cuando las regalías llegan, un año después, éstas no ascienden a las sumas que la gente imagina. Yo no era la excepción. La editorial se comprometió a asumir parte de los gastos de abogados, pero tendría un límite, lo cual para mí era una angustia más, la de millones de personas que se ven implicadas en un pleito judicial: ¿de dónde sacar tanto dinero?

Al fin, en enero conseguí un abogado dispuesto a defenderme. Los medios habían logrado evidenciar la corrupción del gobierno poblano en mi caso y eso puso en la mira al propio Tribunal de Justicia. Por haberlos evidenciado, mas no porque ellos creyeran que fuera lo justo aunque sí lo fue, mis abogados lograron mover el juicio a Cancún ya que, de haber delito, éste se habría cometido en el Distrito Federal (donde se publicó el libro) o en Cancún (donde lo escribí). El 13 de enero, la Segunda Sala Penal del Tribunal Superior de Justicia del Estado de Puebla resolvió la apelación y decretó mi libertad por el delito de calumnia, pero sostuvo el delito de difamación. Luego entendí el motivo: la calumnia consiste en divulgar una falsedad, la difamación simplemente en afectar la reputación de alguien a juicio de un juez. Contra eso no había manera de defenderse.

Entonces comprendí que el delito de difamación por el que fui "probable responsable" entraña elementos subjetivos, como el honor y el buen nombre de Kamel Nacif y el supuesto dolo directo ejercido por mí al escribir mi libro. Yo insistía a mis abogados que en el caso del "rey de la mezclilla" no existe una buena reputación que conservar, ni mucho menos un dolo directo con el ánimo de injuriar por mi parte al escribir el libro, pues solamente hice un trabajo de investigación periodística, asistiéndome un interés público legítimo de protección a las víctimas de Succar Kuri. Además, aparentemente, en México está consagrada en la Constitución la libertad de prensa y expresión, la cual, según diversas tesis de jurisprudencia, se encuentra por encima del honor de alguien, pues la honorabilidad es muy relativa. Mi abogado, quien me forzaba a entender la jerga jurídica, a la cual me he resistido, me explicaba que si un ladrón de bancos roba una institución financiera y lo llevan a prisión y luego un periodista escribe su vida y los hechos, a pesar de que exista un video que demuestre el robo, el caco, desde prisión, puede denunciar a la o el periodista por dañar su honor, "pues su familia y amistades no sabían que era un delincuente". A pesar de parecer una mala broma, esto es cierto, aunque la clave está en que el caco precisa de un agente del Ministerio Público y una o un juez que se presten a aceptar semejante denuncia y posteriormente a dictar auto de formal prisión. Esto sucede, por lo general, cuando hay tráfico de influencias, como en mi caso y en miles de casos en México.

Descubrimos que la denuncia fue interpuesta en el Ministerio Público de delitos electorales, con el fin de poder mantenerla en secreto; también los documentos demostraron que la juez se negó la primera vez a aceptar el caso "porque no podría ser juzgado en Puebla un delito supuestamente cometido en otro estado". Sin embargo, luego de recibir presiones del presidente del Tribunal, Guillermo Pacheco, y de Hannah "Juanito" Nakad, la juez aceptó ordenar mi aprehensión la segunda vez. Encontramos firmas falsificadas en el acta y una serie de datos que parecían plantearnos un acertijo. Creer que prácticamente todo el aparato de justicia de Puebla y el gobernador estaban coludidos en mi contra parecía absurdo, al menos yo me negué a creerlo en un principio. Pero la realidad me deparaba una sorpresa inimaginable.

"Tú eres mi héroe, papá"

El 14 de febrero, México amaneció con una noticia espectacular. El diario *La Jornada* y la connotada periodista de radio y televisión Carmen Aristegui presentaron a la opinión pública una serie de grabaciones telefónicas en las que se revela a Kamel Nacif ofreciendo una botella de coñac al gobernador Mario Marín para agradecer "el coscorrón" que habría de darme. Las palabras coincidían a la perfección con las frases utilizadas en diciembre por Marín, cuando declaró textualmente a la prensa que en "su estado (Puebla) las que cometen delitos se llaman delincuentes" y que "me había dado un coscorrón". De pronto, todos los medios que me habían dado voz se volcaron a analizar, repetir y estudiar las llamadas. Todo lo que yo había narrado al salir de prisión quedó al desnudo, como la planeación entre Kamel Nacif y Hannah "Juanito" Nakad, operador de la maquiladora en la cárcel, para que me violaran con palos de escoba y me golpearan en prisión.

Joaquín López Dóriga fue implacable durante una extraordinaria entrevista al gobernador, esa misma noche. Lo mismo hizo Carlos Loret de Mola a la mañana siguiente. Las llamadas incluso fueron mencionadas en ABC News por medio del reporte 20/20 de Bryan Ross, así como por *El País* en España, el *New York Times* y el *Washington Post*. Los medios y analistas, particularmente los internacionales, no daban crédito a que, luego de estas llamadas, el gobernador Marín siguiera en su puesto político; mucho menos que Kamel Nacif y sus cómplices no fuesen investigados y arrestados por autoridades mexicanas.

Mi caso dio un paso adelante: las amenazas de muerte aumentaron, las llamadas telefónicas se multiplicaron a casa, hubo más ataques de la procuradora de Justicia en los medios, me enviaron mensajes por terceras personas de parte del gobernador Marín inquiriendo saber "cuánto dinero quería para dejarlo en paz". A cada amenaza yo respondía revelándola en los medios. A cada intento de negociación con mis abogados, yo desnudaba las torpezas del equipo de Marín y Nacif. Con mi abogado me lancé a interponer una denuncia penal en contra del gobernador Marín y todo su equipo, de Kamel Nacif y Hannah "Juanito" Nakad por asociación delictuosa, tentativa de violación, tráfico de influencias y otros delitos. Mi abogado me aseguró que no tendría la menor oportunidad de ganar, ni siquiera de que la denuncia fuera en realidad investigada. Lo que aseguraba el abogado no me era ajeno: cada vez que la Presidencia de la República quiere entorpecer algún caso o serie de casos y acallar el clamor social de justicia, crea una Fiscalía Especial y, justamente, se acababa de crear la Fiscalía Especial para la Defensa de Periodistas.

Todo eso lo sabía, pero me parecía que había que demostrar con hechos, y no con hipótesis, que cuando un o una ciudadana mexicana tiene pruebas de violaciones a garantías constitucionales y a los derechos humanos, las instituciones del Estado no le protegen, ni le otorgan su derecho a la justicia pronta y expedita. Pondríamos a prueba a las instituciones. Así, si yo perdía la vida, al menos habría hecho todo lo que estaba en mis manos para defenderme del poder del Estado formal decidido a defender al poder criminal. Fue un acuerdo que tomé con mi familia y mi pareja.

El día que interpuse la denuncia me sentí contenta por primera vez en mucho tiempo. Los judiciales me habían jurado que no llegaría a ninguna parte, después de todo era su palabra de hombres contra la mía. Pero no, también teníamos la palabra de sus jefes grabada en viva voz para darme la razón.

Unos meses después descubrí que mi abogado no había ofrecido las pruebas necesarias. El juez penal de Quintana Roo daba todas las facilidades a Kamel Nacif e impedía avances a mi causa. Sin embargo, no podíamos demostrar corrupción, porque las sutilezas con las que se lograba acorralarme precisan de un sabueso especializado sólo en estar diariamente en los tribunales. Yo no podía. Debía trabajar para vivir, juntar pruebas para mis acusaciones contra Marín, Nacif y sus cómplices, resistir las pesadillas nocturnas en las que los judiciales se aparecían a medianoche en mi departamento y poniendo un arma en mi frente me decían: "Le dijimos que vendríamos si nos acusaba". Estaba decidida a no demostrarles a mis verdugos que me estaban haciendo daño. Daba entrevistas y resistía el llanto ante ciertas preguntas. Dábamos un paso adelante y las autoridades nos llevaban tres pasos atrás. Desaparecían pruebas y el juez insistía en que las pruebas del caso Succar no tenían relación con el caso de difamación de Kamel Nacif.

Hubo semanas en que la angustia era tal que, al levantarme por la mañana, no podía más que llorar a solas, en mi casa. Luego me esforzaba por hacer un poco de yoga y desayunar, para seguir adelante. Mi celular sonaba sin parar, gente de todas partes me invitaba a toda clase de eventos: su solidaridad era inconmensurable, pero también sus exigencias. Cada día en mi correo electrónico recibía entre 150 y 200 mensajes. Gente que ofrecía apoyo moral, lectoras y lectores de todas las edades que mostraban indignación y que enviaban oraciones y su cariño; invitaciones a eventos y a recibir reconocimientos de todo tipo. La gente me detenía en las calles para tomarse fotos conmigo, para pedir mi autógrafo o para decirme cuánto les impactó mi libro. Mi escolta, de tres agentes (dos hombres y una mujer), comenzó a actuar más quisquillosa. No sabíamos si alguna de esas personas de rostro amable que se me acercaba tendría un arma. Yo nunca les dejé maltratar a nadie, pero hubo un par de veces en que en eventos públicos algún personaje extraño se acercó obsesivamente intentando abrazarme, por lo cual tuve que pedir ayuda.

Entre todo ese caos en que se convirtió mi nueva vida, despedí a mi abogado. A cuatro meses de la detención había gastado casi medio millón de pesos en mi defensa, con ayuda de la editorial y la solidaridad de la gente que compraba mi libro como manera de ayudarme. Con el tiempo habría de gastar casi tres millones de pesos en asistencia legal. Las redes de feministas organizadas hacían colectas para pagar algunos gastos de mi defensa, a ellas se unió Sylvia Sánchez Alcántara como presidenta del Internacional Women's Forum Capítulo México, y las maravillosas mujeres que pertenecen a este grupo de liderezas empresariales. La gente no hacía pequeños donativos y se alejaba; por el contrario, se mantuvo atenta, seguía el caso y ofrecía apoyo moral cada vez que los problemas se acrecentaban.

Sin darme cuenta, sobre mí se gestaba una imagen de heroína. Mucha gente generó expectativas sobre mi persona que yo jamás fomenté y, estoy segura, jamás podré cumplir. Pero mi país está tan necesitado de esperanza, que una mujer valiente que defiende sus principios con honestidad puede llegar a ser vista como un caso excepcional. Yo pasaba los días taimando al miedo, alentada por la esperanza de, algún día, recuperar mi vida de antes. Al terminar una entrevista de radio, el solidario Nino Canún me dijo: "Nunca volverás a tu vida de antes". El periodista tenía razón.

CRIMINALIZAR LA VERDAD

Cuando era niña, mi madre me decía que la verdad es mucho más ligera que la mentira, porque la mentira siempre cae por su propio peso, ya que para sostener una falsedad se precisa de otras mil, y éstas se transforman en un fardo imposible de llevar sin ponerse, eventualmente, en evidencia. La verdad, en cambio, flota ligera para quien quiera verla tal como es.

Es indiscutible que nadie advirtió al gobernador Marín las consecuencias que tendría sostener su falaz comportamiento a pesar de las evidencias. Tal vez fue por ello que, con los miembros más cercanos de su gabinete, decidió llevar a cabo una estrategia de venganza interminable contra cualquiera que se mostrara a favor de mi causa y contra su corrupción.

Cuando salí de prisión, el 17 de diciembre, entre el grupo de gente querida que me esperaba se encontraba una de mis amigas más entrañables: Mónica Díaz de Rivera. Poblana de nacimiento, escritora y ex coordinadora de la Biblioteca Lafragua de la Benemérita Universidad de Puebla (BUAP), Mónica es una reconocida feminista que desde la academia se ha dedicado a promover los derechos de la mujer. Por su compromiso desde que se fundó el Instituto Nacional de las Mujeres y más tarde el Instituto Poblano de la Mujer (IPM), ella formó parte del consejo ciudadano que dio estructura y sentido a la institución que pretende trabajar en la promoción de la equidad y la eliminación de todas las formas de violencia contra mujeres y niñas. Por ese ganado prestigio, Mónica fue invitada por la presidenta del IPM para asegurarse de que en verdad se protegiera y atendiera a las poblanas. Su labor fue excepcional, hasta que Marín la mandó despedir por haberme abrazado al salir de prisión. Díaz de Rivera conocía los alcances represivos del gobernador; sin embargo, se quedó a mi lado y fue fotografiada por los personeros de la procuradora Villeda. Unos días después de que se me diera auto de formal prisión, la presidenta del IPM mandó llamar a Mónica a sus oficinas. Con el rostro pálido y la mirada huidiza, de manera escueta le dijo a Díaz de Rivera que se veía forzada a exigir su renuncia. Al ser cuestionada, lo único que la priista pudo decir fue: "Son órdenes de arriba". Después de Díaz de Rivera siguieron una veintena de personas de diferentes ámbitos que se pronunciaron contra la violencia y la injusticia de mi caso. Durante más de año y medio, el IPM quedó inutilizado con la salida de quienes le daban vida. Las consecuencias las pagaron las poblanas que piden apoyo por violencia de género y ya no la reciben.

Son muchas las personas cuya vida ha sido trastocada por la venganza de Marín. La ex senadora Lucero Saldaña, quien fuera presidenta de la Comisión de Equidad y Género y de la Comisión Bicameral contra los feminicidios, también ha pagado por su congruencia. Perteneciente al PRI —el mismo partido de Marín—, con una carrera política de 30 años, Lucero estaba preparándose para eventualmente llegar a la alcaldía de Puebla. Es una mujer inteligente, con credibilidad y ética política; sin embargo, luego de que su presencia en mi detención evitara la golpiza planeada para mí, su vida cambió. Por órdenes del gobernador y del presidente del PRI local, Saldaña fue vetada para la diputación plurinominal que habían pactado. Más tarde en las preparatorias para la alcaldía, las fuentes de la junta política del PRI aseguraron que las órdenes del gobernador Marín fueron precisas: "Quienes apoyan a la periodista Cacho no tienen cabida en su estado". Por ser congruente en la defensa de los derechos humanos de las mujeres, Lucero ha sido mandada al ostracismo político.

A unos días de la exhibición de las llamadas telefónicas "preciosas", los asesores del gobernador fabricaron pulseras y calcomanías con la leyenda "Yo sí le creo a Marín". Recibí más de una decena de correos electrónicos de servidores públicos que me explicaban que sus jefes les advirtieron que en caso de no pegar la calcomanía en su auto y de negarse a portar la pulsera, perderían su trabajo de inmediato. La sociedad poblana se iba polarizando. Quienes no estaban a favor ni en contra de mi caso eligieron enterarse mejor a partir de la represión a la que estaban sujetos sin saber por qué. Los medios poblanos estaban en una frenética carrera tras la verdad no solamente porque tenían una historia verdadera en sus manos, sino también porque cuando Mario Marín tomó el poder en Puebla, un año antes de mi arresto, hizo una fuerte advertencia pública a la prensa local sobre su convicción de criminalizar la libertad de expresión. Ahora podían mostrar al verdadero Marín, pues los grandes medios nacionales les acompañaban en su fiesta de libertad de expresión. Muchos medios lograron incluso, un año después, salir de embrollos económicos gracias al gasto multimillonario de publicidad que hizo, y sigue haciendo, el gobierno del estado para resarcir la imagen del mandatario y su equipo de gobierno.

La mano dura y la venganza alcanzó tintes absurdos. Subalternos del "góber precioso" tejieron redes de apoyo en mandos medios de todas las secretarias, al grado de que directivos de escuelas e incluso universidades, arremetieron contra la libertad de expresión de sus estudiantes. Dos ejemplos bastan: el joven Macondo Jiménez, estudiante modelo de 15 años de edad, fue suspendido tres días de la escuela secundaria Venustiano Carranza porque pegó en el baño y la biblioteca del plantel educativo dos calcomanías de una caricatura que muestra al gobernador Mario Marín Torres como cómplice de Kamel Nacif. El joven estudiante fue notificado por el director de la escuela, Fortino Castillo Alvarado, que violó los reglamentos de grafitos de la Secretaría de Gobernación. Originalmente el director intentó expulsarlo en definitiva, pero la reacción solidaria de la comunidad lo evitó.

Otro caso notable fue el del rector de la Universidad de Las Américas Puebla (UDLA), Pedro Ángel Palou, escritor perteneciente al autodenominado grupo *crack* de la literatura mexicana. (Un soberbio conjunto de cinco escritores que desafiaron a toda una generación de literatos). Palou trabajó como secretario de cultura del ex gobernador Melquiades Morales y mantiene una cercana amistad con Mario Marín. Yo fui invitada por los estudiantes de periodismo y editores del periódico estudiantil *La Catarina* para dar una conferencia en la Semana de la Comunicación de la UDLA. A los jóvenes les dijeron que "no había condiciones para que Lydia Cacho fuese a la UDLA". Cuando el periódico estudiantil *La Catarina* hizo referencias al caso del "góber precioso" y publicó un par de caricaturas alusivas, el rector envió a un dispositivo de seguridad al más puro estilo policiaco, para llevarse todo el equipo computacional, cortó la luz, desactivaron la página web del periódico estudiantil y desalojaron al equipo que editaba el periódico. Durante los meses subsiguientes las y los académicos más notables de esa universidad y de la BUAP han sido perseguidos y amedrentados por pronunciarse exigiendo la renuncia de Marín.

Paralelamente, en una junta a puerta cerrada, a principios de 2006, el gobernador, la procuradora Villeda y los colaboradores más cercanos de Marín se reunieron con dos mujeres que me conocen bien y que durante años han militado en el PRI; ambas han promovido desde hace años mi obra literaria en Puebla. La petición, a decir de una de las dos mujeres, fue concreta. Debían investigar todo sobre la vida de Lydia Cacho. Intentar conseguir a alguna ex amistad o ex pareja dispuesta a contar "el lado oscuro" de la periodista. En esa reunión Valentín Meneses, entonces vocero del gobierno estatal, ratificó que ya mis teléfonos estaban intervenidos y esperaban descubrir "para quién trabaja Lydia Cacho". La orden fue soltar un rumor sobre mi (falsa) participación directa en la campaña del candidato Andrés Manuel López Obrador. "Se sabe —una de las presentes me dijo que Meneses argumentó— que López Obrador tiene un romance con una poblana, debemos soltar el rumor de que en realidad la amante de AMLO es la periodista Cacho, eso va a alejar a los panistas que la apoyan y al menos nos va a bajar la presión local. Además, podemos vincularla con el grupo guerrillero EPR". La declaración pública sobre mis falsos vínculos con los guerrilleros fue dada a conocer por el propio vocero ante los medios.

Meses más tarde varios testigos, en su mayoría mujeres, me dieron información vital para entender la ira de Marín y su gente. La ex amante de uno de los servidores públicos más cercano al gobernador me mostró copias de faxes e informes de un par de "investigadores" enviados a Cancún a seguir mis pasos e intervenir el teléfono de mi hogar. En ellos descubrí con azoro narraciones sobre con quiénes salgo a comer y a cenar, remarcando particularmente nombres masculinos a quienes se debía investigar. (Mi escolta de la AFI jamás se dio por enterada de que nos investigaban.) Los agentes se hospedaron durante casi dos meses en un hotel que a la ex amante le sonaba conocido. "Villas Solymar" se leyó en el informe. La sangre se me heló… el hotel de Succar Kuri; pero ¿serán tan torpes?, pregunté incrédula a mi fuente poblana. No lo creo, me dijo la mujer, les está ayudando Nacif; para ellos, ése debe de ser un lugar seguro y no dejan rastro porque no pagan más que las comidas en efectivo".

Una semana más tarde, al analizar con mi terapeuta el regreso súbito de mis pesadillas, me recomendó que dejara de recibir información directa. "Manda a todas tus fuentes con tu abogado, me dijo el terapeuta, no puedes vivir con esa angustia creciente, vas a terminar en el hospital". Hice caso, ya tenía problemas de salud física relacionados con la ansiedad. Para entonces me quedaba claro que la persecución y la incertidumbre permanente nutren la ansiedad, que de seguir así, un buen día no hallaría más remedio que salir huyendo y darme por vencida.

Luego de mi última sesión de terapia regreso a casa, un poco más tranquila, decidida a buscar anclas emocionales que me regresen la paz interior. Me refugio en mis libros, en el mar. Es miércoles por la tarde, en una playa vacía de Puerto Morelos, me recargo en una roca y escribo en mi diario:

> Después de que mis ojos han visto tanta miseria humana, esculco en mi corazón —cual si fuera un canasto de manzanas rojas— en busca de la esperanza fresca y dulce. La conozco. Aunque me persigan allá afuera, aquí, en mi alma hay paz, paz que se nutre de mi persistencia, de mi determinación, la verdad es perdurable, el miedo es perecedero. Mi fortaleza y mi poder yacen en aceptar la realidad y revelarla tal cual es.

Poco a poco recupero la tranquilidad, recuerdo que la esperanza no se nutre del rencor al pasado, sino del sueño por construir un futuro diferente, sin violencia para quienes vienen detrás. Yo también soy perecedera, mi vida es no sólo ese puñado de personajes oscuros; mi vida es mis amores, es la música, la literatura, es mucho más que un oscuro caso. Mi vida es mis luminosas causas, las de millones de pacifistas. Duermo tranquila, al menos por hoy.

5

El país reacciona

Mientras buscábamos nuevos abogados, colegas reporteros y reporteras lograban arrancar declaraciones de autoridades federales que ratificaban no solamente la importancia del caso Succar, sino también —como lo decía mi libro— que éste era un caso de crimen organizado, pornografía infantil, turismo sexual y lavado de dinero. Expertos en seguridad me aconsejaban que no dejara de estar expuesta en los medios. Mi mejor seguro de vida sería estar visible.

Una tarde el abogado Christian Zínser, a quien conocí en la Cámara de Diputados en un foro por la libertad de expresión, me ofreció ayuda. Él era en ese momento defensor de la periodista Olga Wornat, quien había sido demandada nada menos que por Martha Sahagún de Fox, la esposa del ahora ex presidente Vicente Fox. Le dije que sí, que necesitaba que me recomendara a un buen abogado, un despacho de penalistas que no se acobardaran ante Marín y Nacif. Unos días después me llamó para decirme que un amigo suyo, Xavier Olea, había dado seguimiento a mi caso y estaba dispuesto a defenderme.

Nos reunimos Xavier y su hijo Xavier Jr. en un restaurante de la colonia Condesa. Yo llegué con Jorge, mi compañero. Le dimos una breve sinopsis del caso y le entregué el libro. Con su tono de voz áspero por las huellas de miles de cigarros fumados durante su vida, Olea nos dijo que no tenía inconveniente en enfrentar a políticos poderosos como Yunes, Emilio Gamboa o a Mario Marín y mucho menos al empresario Kamel Nacif. Me dio una cifra de lo que costarían sus servicios. Guardamos silencio por un momento; quedamos en pensarlo y yo le llamaría.

Al día siguiente visité al director de Random House Mondadori y le expliqué que tenía un buen abogado —ahora sí—, pero que necesitaba dinero. Las regalías saldrían hasta dentro de un año, así que acordaron darme un anticipo para pagar, pero éste no era suficiente. Ni todas las regalías alcanzaban para sufragar semejantes gastos.

Logré comprender que una estrategia deliberada de los abogados del gobernador Marín, de Kamel Nacif y de Succar Kuri —en total media docena de despachos que trabajaban en mi contra— consistía en una guerra de desgaste físico y económico. Cada uno de ellos interponía todos los recursos jurídicos posibles para multiplicar citatorios, peritajes psicológicos y pruebas adicionales. Lo hacían de tal forma que en una misma semana debía comparecer en Cancún, México y Puebla. El mismo día. Kamel lo había dicho en una de las grabaciones: "Le voy a presentar una demanda civil hasta volverla loca, hasta que pida paz".

El despacho de Olea estimó que se necesitarían cuatro abogados de tiempo completo dedicados a mi caso para responder a esta avalancha de exigencias. Ello significaba pagar cuatro boletos redondos del Distrito Federal a Cancún casi cada semana durante los ocho o doce meses que calculaban duraría el juicio.

Además de los honorarios, habría que cubrir su alimentación y hospedaje. Renté un departamento en el centro de Cancún al cual llegarían los abogados. Sumado a ello estaban mis incontables viajes al DF. Las fiscalías de delitos contra mujeres y de delitos contra periodistas exigían casi cada tercer día mi presencia, así como peritajes psicológicos y médicos, declaraciones, ratificaciones y presentación de testigos. El rosario era interminable y también los gastos; sin embargo, luego de una reunión con mi hermano mayor, Jorge, mi hermana y mi padre, acordamos que aceptaría comprometerme y ellos me ayudarían a pagar los gastos de la defensa y el caso contra el gobernador. Llamé a Olea y le expliqué mi situación financiera; entonces llegamos a un acuerdo. Tenía un nuevo abogado, uno que no se vendería ni se dejaría asustar. Esa noche dormí tranquila.

Xavier Olea Peláez adquirió fama en México por el "Caso Braun": el homicidio de Merle Yuridia Mondain, de apenas 7 años de edad, que sacudió la opinión pública cuando en octubre de 1986 Alejandro Braun Díaz, alias "El Chacal", ahora fugitivo de la justicia mexicana, golpeó y violó a la niña durante meses, mientras la tenía encadenada en su departamento en Acapulco y más tarde la asesinó.

Olea Peláez fue el defensor del caso de la pequeña, primero contratado por los padres de la niña y después dando seguimiento personal al caso —sin recibir pago— cuando los padres desistieron y el abogado se convirtió en el primer litigante que acusó penalmente a un ministro de la Suprema Corte de la Nación. El ministro Ernesto Díaz Infante Aranda, en 1988, presionó al magistrado Gilberto Arredondo Vera para que fallara favorablemente en el alegato presentado por Alejandro Braun Díaz, alias "El Chacal", acusado del homicidio de la menor Merle Yuridia

Mondain Segura. Olea demostró que el juez recibió 500000 dólares estadounidenses del abogado de Braun Díaz, Enrique Fuentes León, para ayudar al asesino de la niña a huir del país. El juez estuvo ocho años y seis meses en prisión por corrupción.

El ministro Díaz Infante murió a la edad de 77 años en 2007 cuando permanecía en arresto domiciliario, ya que las leyes mexicanas permiten a los mayores de 70 años purgar su condena en su casa. Éste fue el caso de corrupción más notorio de un juez federal en la historia mexicana... hasta el momento.

Eso necesitaba yo: asegurarme de que si Marín o Nacif intentaban comprar, o compraban autoridades, nosotros pudiésemos darle seguimiento hasta el final, y no perder el juicio por corrupción, como sucede a millones de mexicanos y mexicanas que son devorados por el aparato de justicia penal cada año.

El sistema de justicia penal está estructurado de tal forma que parte de la noción de que todas las víctimas mienten; para ello, utiliza una serie ignominiosa de pruebas, entre las cuales están largos y tediosos peritajes —es decir, pruebas psicológicas— para averiguar si en realidad quien denuncia habla con la verdad. El primer peritaje que me hizo la fiscalía de la PGR fue elaborado por una joven psicóloga inexperta. Llegó a Cancún sin previo aviso y, como si yo fuera delincuente, me llevaron a una oficina de la cual desde la 10 de la mañana ya no podría salir hasta pasadas las nueve de la noche, sin ingerir agua ni alimentos. En teoría, la prueba psicológica es para conocer la estabilidad emocional de la víctima. La autoridad hace todo lo que está a su alcance para infundir miedo, desconfianza y temor de la víctima hacia los peritos especialistas; luego la perito reporta que "la víctima no cooperó, porque no estableció un vínculo de confianza con la psicóloga" que vino a hurgar su mente con métodos anacrónicos. El primer peritaje no sirvió, porque la perito no utilizó los instrumentos exigidos por el Protocolo de Estambul que demuestran la tortura. Se me informó así que habría de someterme a otro. En cada interrogatorio se me preguntaban con más y más detalle no sólo los hechos, sino también las emociones para poder valorar el daño causado. Yo, como le comenté a mi terapeuta una tarde en que no paraba de llorar, ya no podía saber qué me traumatizaba más: si los hechos cometidos por los judiciales o el maltrato sistemático de las autoridades para intentar demostrar si en realidad había delito que perseguir. Mientras, las apabullantes pruebas esperaban pacientes en los escritorios de burócratas que con sólo escuchar el nombre de Kamel Nacif temblaban. Luego de cada interrogatorio, yo descubría algo nuevo y mis diarios fueron mi consuelo. A solas, ya en casa, escribía hasta quedarme dormida de agotamiento emocional y físico.

Fue la tarde de un viernes, luego de pasar ocho horas ante un criminólogo y una victimóloga de la PGR, cuando entendí de dónde sacaba la fuerza para seguir.

Los expertos me hicieron revivir cada segundo del secuestro legal, ése que me llevó por la carretera a atravesar durante 20 horas cinco estados de la República Mexicana, acuciada por una persistente pregunta: ¿a qué hora iban a matarme? y ¿mi cuerpo dónde quedaría tirado? Comprendí por qué he sobrevivido con tanta cordura al embate de la crueldad de esos policías, que seguían órdenes de un empresario y un gobernador, con la consigna de darme una buena lección, un coscorrón para callarme la boca. El criminólogo me preguntó con insistencia cada humillante detalle de la tortura: "¿Por qué dice que la torturaron? ¿Cómo lo va a demostrar? ¿Por qué llora? ¿A qué le tenía miedo, dígame, a qué? ¿Sabe que hay torturas más crueles que se ven en el cuerpo, a qué le tenía miedo?" Entonces yo estallé en llanto y le grité: "¡A que nunca encontrasen mi cadáver, a que mi familia no pudiera tener paz por mi muerte!" La victimóloga, al final, me preguntó cómo hacía para mantenerme cuerda entre las presiones y el miedo. Llegué a casa y pasé veinte minutos bajo la regadera, el llanto se perdía entre la lluvia de agua dulce, de pronto comprendí al fin cómo fue que pude dormir, al menos unas horas, durante tantas noches en que los demonios estaban despiertos.

Fueron los brazos amorosos, aquel preciso huequito tibio entre la clavícula, el corazón latiente y el hombro de mi pareja, ese pequeño espacio de piel que me esperaba en las noches de tristeza. Allí encontré paz cada luna de desasosiego. Mi cabeza y mi cuerpo acurrucado en él hallaban la tranquilidad para soñar que una mañana de éstas podría despertar y descubrir que la pesadilla había llegado a su fin. Los brazos de mi amante se convirtieron en la nave que me llevaba a ese buen puerto en que casi nadie cree en mi patria... el de la esperanza de quien comparte una causa.

Durante estos 270 días llegaron siempre los otros brazos, los amorosos fraternos y los solidarios feministas; los brazos de una desconocida en medio de la calle que me recordaba que no estoy sola en la batalla; los abrazos cibernéticos de mis lectores que me envían bendiciones; los "palabrazos" de periodistas solidarios que no han dejado que mi voz se calle. Llegaron los brazos de mi sobrina Paulina, de 13 años, quien me acaricia el rostro con sus manos de piel nueva, intocada por el miedo, y me dice con voz de la sabiduría inocente que todo va a estar bien, que los malos no siempre ganan.

En mis manos, antes de dormir tengo las palabras rescatadas por Eduardo Galeano. Me apropio de su frase sabia: "La tortura no es un método para arrancar información, sino una ceremonia de confirmación del poder". Sonrío como si el uruguayo me hubiese abrazado cariñosamente. Entiendo, pues, que he sido víctima de la comunión del poder criminal y del poder político. Y duermo algunas horas en paz, sobreviviendo a las pesadillas del recuerdo de los judiciales armados y la incertidumbre.

Los victimólogos me preguntan reiteradamente: ¿y ha podido usted dormir? Y yo respondo con la verdad: si no hubiese dormido estos nueve meses, aunque fuera un poco cada noche, ya habría muerto de locura. Pero, claro, si una duerme, eso significa que tal vez mienta sobre la tortura. Y yo tranquilamente, con los ojos rasados de la sal de mi alma, les recuerdo que los brazos amorosos que me contienen, las personas a quienes amo, con quienes comparto mis sueños y mi vida, me han dado paz para ser una sobreviviente y no una víctima perenne. Sin embargo, al sistema no le gustan las sobrevivientes, nos quieren siempre víctimas, sometidas, para recordarnos quién tiene el poder. Y yo les digo que el poder de la transformación está en el amor y la esperanza; pero esa cursilería no tiene cabida en un documento judicial, porque la magia de la tortura policiaca y de la violencia de Estado es de quien tiene el poder para silenciar y desgastar, no para averiguar la verdad.

Mi querido poeta Ángel Petisme escribió: "No se vale llorar sin aprender". Y eso hacemos en México, arrojar luz sobre los escombros, llorar, para luego rescatar de la vida una lección que nos dé al menos un indicio de que algún día nos libraremos del yugo de la corrupción y otras generaciones sabrán cómo se vive cuando la justicia es posible.

El Congreso interviene

El 4 de abril de 2006, el juez estadounidense David K. Duncan había autorizado la extradición a México del pederasta Jean Succar Kuri y para el 18 de ese mes el Congreso de la Unión solicitaba a la Suprema Corte de Justicia de la Nación (SCJN) que ejerciera su facultad de atracción e investigara las presuntas violaciones a mis derechos humanos. Un grupo de diputadas de varios partidos me buscó para que les ayudara a recabar pruebas con el fin de elaborar el documento de solicitud para la Suprema Corte. Fue una semana sin dormir, corrí guiada por, David, un joven abogado del Congreso, para llevar pruebas a la capital del país.

Unos días más tarde, una llamada telefónica me despertó: es David. El abogado me avisa que el máximo tribunal admitió mi caso, por lo cual lloré de emoción. Llamé a Jorge y le dije: "¡La Suprema Corte aceptó mi caso! Dicen los diputados que tal vez haya posibilidades de juicio político contra 'el precioso'". Lo celebramos como una pequeña victoria parcial, pues estábamos sedientos de nuevas y buenas noticias. La Corte aceptó la petición y determinó crear una primera comisión investigadora; su finalidad, me informan en las oficinas de la Suprema Corte los magistrados Emma Meza Fonseca y Óscar Vázquez Marín, es saber si hay elementos para hacer juicio político al gobernador. Ahora necesitaba dividir mi tiempo aún más, reunir elementos y pedir a mis testigos de Cancún y Puebla que declararan ante la Corte. Tarea nada fácil.

La noche del 5 de julio fue extraditado a México Jean Succar Kuri. Recibí una llamada telefónica de un agente federal que se convirtió en mi fuente para el caso. "Ya lo traen en un avión de la PGR; si quiere, avise a la prensa." Estoy en casa de mi pareja en el Distrito Federal, encendemos el televisor y vemos al hombre envejecido bajar por la escalinata de un avión privado. Rodeado de agentes es interrogado por mis colegas. El teléfono empieza a sonar: la prensa quiere saber qué opino, pues ya está aquí en México el sujeto de mi investigación; ¿qué opino? En la pantalla lo veo despedirse amablemente de las agentes federales mientras se pierde en la puerta de la cárcel de Cancún, una prisión de baja seguridad.

En medio de la batalla, a principios de agosto, el procurador de Quintana Roo, Bello Melchor Rodríguez Carrillo, declara que "durante la administración del gobernador Hendriks se supo del apoyo de sus servidores públicos a la fuga de Succar y no se actuó en consecuencia". Las llamadas telefónicas ventiladas por Carmen Aristegui, *La Jornada*, *El Universal* y *Reforma* daban cuenta de una conversación entre Nacif y el gobernador Hendriks en la cual el entonces mandatario de Quintana Roo le pedía el favor de ayudar al cineasta Alfonso Arau a filmar películas en Tulum. Efectivamente, Arau filmó en la Riviera Maya la película *Zapata* gracias a los buenos oficios e inversión de un socio y amigo de Nacif, también libanés.

Un sábado al mediodía, por fin en casa, estoy frente a mi balcón escribiendo mi diario cuando recibo una llamada del periodista Carlos Loret de Mola. Me cuenta que acaba de entrevistar en la cárcel a Succar y que la pieza saldrá al aire el lunes. No debo perdérmela, es el consejo de mi amigo. Ante las cámaras, en una mala imitación de Joaquín Pardavé en su papel del "baisano Jalil", Jean Succar Kuri, "El Johnny", confirmó que Miguel Ángel Yunes Linares, ahora convertido en secretario de Seguridad Pública federal, es su amigo y que lo conoce desde hace 15 años; asimismo, admitió que Kamel Nacif financió su defensa jurídica con 300 000 dólares. La pinza de la historia se iba cerrando, pero el juez de Cancún seguía sin admitir que mi caso y el caso Succar estaban vinculados.

A partir de ese momento, una cascada de sucesos arrebató la poca tranquilidad que yo había recobrado. A principios de agosto, cuatro sujetos robaron de la Comisión Nacional de los Derechos Humanos (CNDH) el expediente de mi caso que este organismo había abierto algunos meses antes. Era el *dossier* más completo y extenso; si caía en manos de Marín, él sabría los nombres de mis testigos clave. El organismo presentó una denuncia penal ante la Procuraduría General de Justicia del Distrito Federal (PGJDF) para que indagara sobre el robo. Un abogado de la Comisión pidió reunirnos secretamente en un café. Me explicó que los ladrones habían entrado a las oficinas de Guillermo Ibarra y se habían llevado sólo su computadora portátil y huido en un taxi; empero, las cámaras habían grabado todo. También me explicó que la policía halló la computadora sin el disco duro, en un tiradero de basura de Puebla, gracias a las indicaciones del taxista que llevó a los ladrones a esa ciudad.

En una extraña jugada Jose Luis Soberanes, presidente de la CNDH admite ante los medios que es cierto lo del robo de la computadora, pero semanas más tarde diluyen la noticia al decir que el robo no tenía nada que ver con mi caso. El propietario de la computadora me aseguró que sí tenía todo mi caso en la máquina robada. Cada vez que se arrojaba luz sobre un asunto, las propias autoridades se contradecían y nos llevaban dos pasos atrás del que creíamos avanzado.

Como el jueves 2 de marzo en entrevista con Gustavo Castillo del diario *La Jornada*, Alicia Elena Pérez Duarte, la Fiscal Especial para delitos contra mujeres declara que la Red de Succar

Kuri es internacional. Con un extracto de la entrevista, que transcribo abajo, se puede vislumbrar la esquizofrenia del sistema de justicia. Yo con amenazas de muerte, una denuncia en mi contra y, cual delincuente, resguardada día y noche por agentes federales. Y aquellos de los que la autoridad sabe todo, impunes, libres y sonrientes, comprando autoridades y publicidad para defenderse; evidenciando sus vínculos con políticos poderosos.

Nexos internacionales en el caso Succar Kuri
La Jornada, jueves 2 de marzo de 2006
Gustavo Castillo García

Jean Succar Kuri es, apenas, la cabeza de una red de redes de pederastia, turismo sexual y trata de mujeres que operan en Baja California, estado de México, Distrito Federal, Puebla, Chiapas, Veracruz y Quintana Roo. "No son redes mexicanas para consumo mexicano", se le han detectado "muchos nexos internacionales", afirma la fiscal especial. La funcionaria de la Procuraduría General de la República (PGR) reveló que la periodista Lydia Cacho "nunca se dio cuenta de qué tan vasta era esa red", y que con la detención de Succar Kuri "no se puede cantar victoria" y decir que ya se desmanteló todo, pues no se descarta la posibilidad de que algunas mujeres podrían haber sido llevadas a lugares como Taiwán o Singapur para prostituirlas, con el engaño de convertirlas en modelos. Pérez Duarte confirmó que en el caso Succar existen menciones que involucran al secretario ejecutivo del Sistema Nacional de Seguridad Pública, Miguel Ángel Yunes Linares.

—¿Existe una gran red de pederastia en México?
—O una serie de redes. Una gran red ya se descubrió. Empieza

en Cancún, mejor dicho, en Tapachula. De ahí trasladan a las niñas a Cancún, ahí las explotan, pero a Cancún llegan de todas partes del mundo y aparentemente hay otros nexos.

—¿Tijuana, Veracruz, Juárez?

—Exactamente. Hay otra en el centro de la ciudad de México. Estamos hablando de la parte centro de la República.

—¿Están interactuando?

—Muy probablemente, y no sólo a escala nacional, también internacional.

"Habría que hacer un llamado a todas aquellas personas que consideran 'normal' que en los centros turísticos de nuestro país les den atención con edecanes de alto nivel, porque no es más que prostitución, y cuando son jovencitas, seguro es pederastia."

—¿Algo de esto tiene que ver con Succar Kuri y lo que denunció Lydia Cacho?

—Desde luego, ésta es una de las grandes redes que ya está perfectamente documentada en la PGR. En el caso Succar Kuri, específicamente, se ha visto que hay muchos nexos internacionales. Más de los que se habían considerado.

—¿Tijuana, Veracruz, ciudad Juárez, Cancún, formaron parte de toda esta red en la que está involucrado Succar Kuri?

—Correcto, o red de redes, porque aunque hay vínculos, no podemos a ciencia cierta decir que son una misma red con una sola cabeza. Decirlo así significaría que si ya lo pescamos, ya desmantelamos todo. Yo no cantaría victoria.

—¿Está hablando de interacción entre el poder económico y el poder político?

—Exactamente a eso es a lo que me refiero. Empresarios muy "honorables", consideran "normal" que les ofrezcan estos servicios (sexoservicio) en los hoteles, y los utilizan.

—Usted posee información que conecta a Cancún con ciudad Juárez.

—En una cosa y la otra hay similitudes importantes. Estoy recibiendo información importante del estado de México.

—¿Es verdad que en determinado momento las menores son asesinadas o desaparecidas y su familia ya no sabe más de ellas, luego de que son engañadas con ser modelos?

—Exactamente, ésos son los mecanismos.

—¿Esto que comenta incluye la posibilidad de que salieron de México "convencidas" de ser edecanes y fueron enviadas a Taiwán o Singapur?

—No sé ni para qué me pregunta, usted tiene más datos que yo.

—Porque sé que son datos que usted tiene, y que importa precisar.

—Eso es parte del trabajo. Es parte de lo que está investigando la Subprocuraduría de Investigación Especializada en Delincuencia Organizada (SIEDO), porque no son redes mexicanas para consumo mexicano, eso nos debe quedar claro.

—¿Succar es la cabeza de la gran red?

—Tenemos una cabeza visible, digamos que tenemos a uno de los lidercillos, pero no estoy convencida todavía de que sea la cabeza.

—¿Por eso es tan importante el caso Lydia Cacho?

—Sí. Es más, para mí, Lydia Cacho no es un caso, para mí el caso es Succar Kuri. A ella la persiguen porque hay quienes quieren volver a tapar esa cloaca y Lydia no lo ha permitido.

—¿Investiga a operadores financieros en la zona centro del país trabajando para Succar? ¿Estaría hablando de operadores y enganchadores en ciudad Juárez con nexos hacia la zona de Cancún?

—Así es como se está viendo y ésa es la parte que no me corresponde hacer, está en manos de la SIEDO.

—Usted posee información de esa red de complicidades, ¿no es cierto?

—No en los casos de ciudad Juárez, pero de los otros sí. Desde luego que estamos recibiendo información.

—En esta red de pederastas hay nombres que han empezado a salir, como los de Miguel Ángel Yunes, Kamel Nacif, el propio gobernador de Puebla, Mario Marín, ¿los va a investigar su fiscalía?

—La Suprema Corte está recibiendo este asunto. Es cierto que lo que está viendo es al gobernador de Puebla y su relación con Nacif, y cómo afectaron a Lydia Cacho, pero desde luego la investigación que lleva a cabo va abarcar necesariamente más, el resto de las autoridades debemos estar llevando nuestros cuadernillos, apuntando, viendo, haciendo, pero tenemos que esperar, necesariamente, a que la Corte dé sus resultados.

—¿Miguel Ángel Yunes es mencionado en alguno de los expedientes con los que se está pidiendo la extradición de Succar Kuri?

—Algunas víctimas lo mencionan como una de las personas que visitaba a Succar Kuri. Es así como lo mencionan.

La entrevista provocó una avalancha de entrevistas. ¡Ahora sí, me decían las y los colegas! Seguro que detienen a Kamel y llevan a juicio político a Marín. Pero yo tenía otras preocupaciones. Llamadas anónimas a mi celular de números desconocidos y ya los rumores de que Succar planeaba escapar eran demasiado evidentes en la cárcel de Cancún. Pedro Flota, el secretario de Seguridad Pública del estado, había dado aviso a la PGR de que la cárcel de Cancún no era idónea para recluir a presos de alta peligrosidad. En sigilo total, el 17 de agosto las autoridades trasladaron a Succar Kuri al Cereso de Chetumal. Una semana después, luego de hacer estudios al interno, Sergio López Camejo, titular de los penales de Quintana Roo, solicitó a la PFP que se llevara a Succar al penal del Altiplano en Toluca, pues el reo había sido considerado de alta peligrosidad. Según el documento, tras una investigación realizada por la SSP estatal, se reveló que Succar Kuri se había involucrado con una peligrosa banda de extorsionadores que operan desde los penales de Chetumal y Cancún. Los medios revelaron que, por esos días, Emma, la víctima de Succar, lo visitaba en la cárcel, acompañada de los abogados de él. La incertidumbre aumentó, y la tristeza también.

Primera llamada: un atentado

Yo había estado recibiendo llamadas a mi celular de un número no identificado, en las que respiraban exageradamente y colgaban. Luego las llamadas comenzaron a llegar al teléfono de mi casa, hasta el punto que tenía que desconectar el aparato por la noche al llegar a casa. Casi a finales de octubre de 2006 recibí una llamada de Chetumal: un agente especial del penal de aquella ciudad pedía mi número de fax; según dijo, era mi admirador y había leído el libro, respetaba mi valentía y necesitaba avisarme de un hecho que ponía en peligro mi vida. Le di el número de la oficina y envió un documento que explicaba que los reos Armando Bocanegra Priego y Juan Ramón González habían confesado que habían sido contratados por "El Johnny" Succar, en el penal de Chetumal, para ultimar la vida de algunas testigos, entre ellas la de Lydia Cacho. Succar les entregó un dibujo de mi domicilio en Cancún, hecho en una servilleta, con pluma azul. Esa mañana, al comprar los diarios, un reportero del periódico local *Que Quintana Roo se entere*, publicó ese documento. Mi escolta me pidió que me fuera de Cancún unos días hasta valorar el riesgo; sin embargo, me negué, porque estaba harta de tener mi vida secuestrada por estos sujetos.

El 16 de noviembre de 2006 trasladaron a Succar Kuri al penal de alta seguridad del Altiplano en Toluca y unos días después se dio la fuga más grande de la historia de Quintana Roo. Casi cien reos huyeron de la cárcel municipal de Cancún: tres de ellos resultaron muertos en la trifulca. Escuché en la radio la voz de David Romero, conductor del noticiero de radio más escuchado en la entidad: "Autoridades confirman información de que Succar estuvo involucrado en la planeación de esa fuga en que creyó podría escapar". Un silencio sepulcral invadió el vehículo en que viajaba con mi escolta. Nadie se atrevió a decir nada: la suerte nuevamente estuvo de mi lado y del de las víctimas.

Unos días después, tres menores más denunciaron delitos de Succar Kuri ante la PGR en la Subprocuraduría de Delincuencia Organizada. Entendemos que pertenecen a otro grupo de niñas que no conoce a Emma, la denunciante original. Dos testigos más (del sexo femenino) comparecieron también para declarar acerca del tráfico de menores a Estados Unidos y dieron nuevos nombres de empresarios involucrados. Mientras los medios seguían la historia, en la Cámara de Diputados se debatían leyes para castigar más severamente a los pederastas y la pornografía infantil. Así, se presentó un par de iniciativas para despenalizar la labor periodística y se aprobó una nueva ley al respecto.

En medio de ese vértigo, el agotamiento se adueñó de mí, lo mismo que la tristeza. Mi terapeuta me dijo que necesitaba detenerme; mi cuerpo me reclama por las cantidades ingentes de adrenalina que produzco para soportar el ritmo de vida; sin embargo, no podía. Mi libertad y la vida de las niñas seguían en juego. Yo sentía que en el momento en que dejara de contestar cada golpe, cesara de denunciar en medios de comunicación la arbitrariedad del día o dejara de contrademandar cada irregularidad, los "demonios" sabrían que había llegado el momento de atacarme.

En ir y venir por el país, cada regreso a casa se convertía en un oasis momentáneo. Ver a mis amigas, cenar con ellas y reír un poco me regresaba a otra parte de mi humanidad, sin embargo, algo comenzó a suceder, algo que me invadió de una profunda tristeza. Quedé en ir a un restaurante a comer con un grupo de mis mejores amigos hombres, un puñado de empresarios y periodistas poderosos que detrás de sus máscaras de poder son entrañables seres humanos. Llegué tarde a la comida, pues iba desde el aeropuerto, de recibir un premio. Desde mi llegada las alusiones a la gran fama que había adquirido no cesaron, hasta que hice alguna broma para cortar el tema. "La fama es un fardo, lo mío no es fama, es notoriedad por seguir viva, por no negociar mi dignidad. Fama la de un artista". No obstante, uno de mis amigos en particular insistió. "¡Ya dime, Cacho —espetó fumando su habano—, la verdad es que has hecho fama y fortuna, sales hasta en CNN y has recibido un montón de premios!" Las lágrimas se agolparon en mi garganta. ¿Qué carajos pasa aquí? —pensé—. No podía hablar, no quería llorar, no allí, no con mis amigos, quienes debían cobijarme y entender quién soy luego de tantos años de conocerme. Me descubrí defendiéndome, explicando cómo se siente el miedo a ser asesinada, ése que se levanta cada día a mi lado como una sombra inevitable. ¿Fortuna? Nunca he vivido para hacer dinero, es una elección personal. Vivo modestamente, de escribir mis artículos, de conferencias que doy desde hace años aquí y allá. Las regalías se han ido íntegras al juicio, los donativos y premios van al CIAM para pagar sueldos. No pude, me levanté de la mesa y me fui a casa. Antes de salir miré a mi amigo y le pregunté: "¿Entiendes que esto no es una telenovela? Es una batalla interminable contra el crimen organizado protegido por el Estado mexicano. Cuando el tema pase de moda ellos no me olvidarán". Mis amigos insistieron en que me quedara, pero invadida por la tristeza preferí la soledad de mi hogar, el silencio. Escribo en mi diario:

> Esa supina capacidad mexicana de trivializar asuntos graves como éste, como el de la corrupción, es lo que fortalece la deshumanización, la falta de compasión y mediocridad en que está sumido México. Todo eventualmente se convierte en una broma, en un chiste, se normaliza, se descalifica, se disuelve en la falta de deseo por transformarnos; mi país me da pena. Lloro por mí y por el cinismo de quienes tienen poder para cambiarlo pero eligen perpetuar el *statu quo*.

Las canciones del "góber precioso" se bailan en las discos de moda, los videojuegos en Internet, las terribles llamadas originales entre Nacif y Marín se vendían como timbres de teléfono celular. En los restaurantes las escuchaba y un escalofrío me invadía. La gente me preguntaba: "¿Qué no tienes sentido del humor?" Las parodias iban desplazando paulatinamente el tema de fondo: la trata de niñas y mujeres, el crimen organizado unido al poder político. Algunas personas comenzaron a confundirme con una estrella de telenovelas.

Mis abogados me informaron que debía ir a la capital; habría sesión de la Suprema Corte y debíamos estar presentes. Me preparé para las malas noticias, tenía poca energía para más. Estaba harta de la trivialización del caso. Una mañana, a principios de ese mes, septiembre, sentados en la primera fila del salón plenario de la Corte, escuchamos al ministro Ortiz Mayagoitia explicar que no se encontraron elementos suficientes para que mi caso sea tomado en cuenta por el máximo tribunal. La discusión se abrió y para mi asombro y el de los abogados, por siete votos en favor y tres en contra, la Suprema Corte determinó ampliar la indagatoria sobre el "caso Cacho-Marín", a fin de que se investigara al llamado "góber precioso". Para ese efecto se creó una segunda comisión especial presidida por el ministro Juan Silva Meza. "Muy bien —afirmó Olea—, ahora tendrás que ir a testificar nuevamente frente a Kamel. Debes prepararte, es la última oportunidad que tienes, te harán cientos de preguntas, el careo durará entre cinco y seis horas, su idea será desgastarte, quebrarte. No es momento para llorar", me dijo como si yo no lo supiera. Salí malhumorada del despacho de mis abogados.

Kamel y Succar de cuerpo entero

Recordé mi primer encuentro con el "Rey de la mezclilla". El 23 de mayo por la mañana colgué el teléfono luego de una larga conversación con mi abogado (todavía era Cuén, el anterior a los Olea). Tendría que estar preparada: estaba confirmado que Kamel Nacif asistiría a los tribunales a enfrentarse conmigo ante el juez al día siguiente. Vería frente a frente al hombre que me había convertido en rehén del sistema de justicia. Dejé el teléfono en mi escritorio, caminé en mi pequeño departamento, me senté en la sala y encendí una vela blanca. ¿Cómo me siento?, me pregunté, explorando en mi respiración una respuesta honesta. Emociones ambiguas se revelaron: tendría a mi lado al dueño de aquella voz áspera y de un lenguaje soez y pernicioso. Frente a mí al hombre que había dicho riéndose, mientras era trasladada por los judiciales de Cancún a Puebla, que "la venganza es una sopa que se come fría". Y no sólo él, sino también estaría presente Hannah "Juanito" Nakad, el urdidor de mi violación y golpiza en la cárcel. Una parte de mí desearía jamás tenerlos cerca, pero otra experimentaba la emoción sólida y certera de que la única manera de conjurar el miedo hacia mis verdugos sería haciéndoles frente, defendiéndome con la verdad. "Estoy lista", me dije, "será la oportunidad para que una mujer les enfrente sin miedo, para recordarles que no son dueños del mundo." Recordé una entrevista que hice a unas indígenas de Acteal, luego de la masacre en Chiapas. Ellas enfrentaban a los militares asesinos y les pregunté si no tenían miedo. "No tenemos nada que perder, más que la vida", respondió una de ellas con autenticidad plena. En aquel tiempo la respuesta me pareció brutal, ahora coincidía con ellas. Ya durante algunos días, colegas periodistas de varios estados del país y corresponsales internacionales me habían llamado pidiendo mi opinión y para informarme que estarían presentes. No hubo una, uno solo que no me preguntase si tenía miedo. Fui honesta: dije que era más fuerte mi ansiedad por mantenerme viva y fuera de la cárcel.

Al escribir estas líneas recuerdo cada suceso como si hubiera sido apenas ayer. Unos días antes Paty, una de las niñas sobrevivientes de Succar y sus cómplices, me dijo que si ella tuviera la oportunidad de enfrentar al protector de su violador, le diría que no queremos más corrupción. Con esta idea en mente, de inmediato en el CIAM mandamos fabricar unas camisetas con la leyenda “No más pederastas, no más corrupción, no más impunidad”. La mañana del 24, luego de hacer una meditación y tomar un baño, me vestí con la camiseta; al verme al espejo, antes de salir, me sentí blindada con una exigencia de miles de personas. Tuve la sensación de que las 40 000 personas que habían marchado en Puebla estaban conmigo en esa frase, al igual que toda la gente que seguía el caso cada día. Me sentí preparada. Subí a la camioneta blindada y llegamos al juzgado, dentro de la cárcel de Cancún, a las 10:05 de la mañana. Los medios esperaban y entré a la par de mi abogado. Alrededor de la mesa los medios se agolparon, el juez salió de su pequeña oficina y dijo un par de veces a los periodistas que si no se comportaban, los mandaría sacar. “Es una audiencia pública” dijo retadora la voz de un periodista y unas gotas de sudor recorrieron el rostro del juez, que estaba a menos de dos metros de mí.

La mirada de Nacif era la de un ser rabioso a punto de perder los estribos. Yo lo miraba con tranquilidad y giraba el torso para que pudiera leer mi playera; sus ojos se fijaron en ella y una andanada carmesí hirvió en su rostro. En su declaración dijo que yo mentía en todo y ratificó su denuncia. Yo había presentado las pruebas del caso Succar y las declaraciones de las niñas ante las autoridades federales sin embargo, el juez, sin mirarme a los ojos, negó que mi caso y el caso Succar estuviesen vinculados. ¿Cómo podría defenderme por haber escrito una investigación periodística sobre una red de explotación infantil, y verme impedida por el juez de defenderme con la ratificación del contenido del libro? Así es la ley mexicana, dijo mi abogado. Entonces, argumenté, un narcotraficante podría denunciar por difamación a un periodista que siguiera su caso mientras está en prisión esperando sentencia y ha sido extraditado. Efectivamente, repitió mi defensor, sin embargo se necesitaría que una o un juez admitiera el caso y girara orden de aprehensión; como en el tuyo. Nacif y sus abogados sonrieron satisfechos. El "rey de la mezclilla" insistió en que él decía la verdad. Durante mi turno pude preguntarle parsimoniosamente, viéndolo a los ojos que me huían cada vez que mis pupilas buscaban las suyas, por qué pagaba la defensa del pederasta Succar Kuri. Y aunque el juez denegó la pregunta, los abogados del empresario no le pudieron contener cuando, echando el cuerpo hacia mí, como un bravucón a punto de asestar un golpe, espetó murmurado: "Pinche vieja". El juez tembló pero no increpó a Nacif.

Más tarde, en el banquillo se sentó Hanna Nakad, *Juanito*. Declaró que su amigo Kamel Nacif es un hombre honorable, incapaz de hacer esas "cochinadas" de las cuales le acuso en mi libro. Por fin, mirándole a los ojos pude preguntarle si consideraba honorable haber dado órdenes dentro del penal para que yo fuese golpeada y violada por las presas. Para sorpresa de las y los presentes, el hombre, cuya piel blanca se tiñó de ardiente bermellón, respondió en tono despótico: "La violación nunca se llevó a cabo". Sus abogados hicieron gestos de horror, pero su testimonio ya había sido recogido por la escribana. Me sentí como una futbolista que ante el azoro del portero logra meter el balón gracias a un penalti, hasta el fondo de la portería en una sola tirada limpia, sabrosa. Cinco horas transcurrieron hasta que se dio por terminada la sesión. Nacif ya había maltratado a las y los reporteros que lo intentaron entrevistar temprano, a su llegada al penal. La salida fue muy parecida. Miembros de organizaciones civiles de Cancún, la actriz feminista Jesusa Rodríguez, Julio Glockner y otras representantes del frente cívico poblano me acompañaron esa mañana. Ya un fiscal nos había dicho que el juez había recibido amenazas veladas de los abogados y del propio Nacif; la información parecía congruente con la negativa del juez de admitir que mi detención era un ardid de Nacif para defender a Succar Kuri. Si no aceptaba las pruebas de los testimonios que me habían dado las víctimas del pederasta, quienes mencionaban a Nacif y a otros socios de Succar, ¿cómo podría defenderme? Como si esto fuera poco, la estrategia de la defensa consistía en demostrar que yo, al no tener un título de la escuela de periodismo, no podía ser considerada periodista y, por tanto, no conseguiría atenerme a los principios de libertad de expresión e interés público.

Más tarde llegaría a pensar que mi abogado estaba "dejando caer el caso" intencionalmente. La corrupción y las amenazas estaban en todas partes. La ansiedad que genera el no saber si tu defensor cederá a la corrupción es inexplicable. Un par de noches después de saber que el juez no admitiría más pruebas porque no las metimos a tiempo, soñé con claridad a mi abogado sentado con la gente de Nacif y Mario Marín entregando mis documentos. Más que enojada, me sentía profundamente triste y emocionalmente drenada.

A fines de septiembre de ese año tuve el segundo y último careo con Kamel Nacif. Esta vez ya bajo la defensa de los Olea. El empresario se hizo acompañar de los abogados Farrell, un despacho de gran peso en México. Al entrar, mientras el agente del Ministerio Público se preparaba y los colegas se acomodaban, rápidamente me dirigí hacia Nacif, quien estaba recargado en la pared. Muy cerca y de frente le dije en voz baja: "Kamel: cada vez que me mires a los ojos, te estarán viendo las niñas abusadas". Me retiré de inmediato y su mirada desorbitada se fijó en mí con un odio fielmente captado por las cámaras de video y de fotografía.

Casi al terminar la audiencia, cuando se había demostrado que no podía probar las "pérdidas millonarias" en sus maquiladoras de ropa, que según él habían causado mis escritos, montó en cólera. Sus abogados, masticando goma de mascar con angustioso frenesí, no podían acallar su ira. En un momento determinado el juez me dijo en voz baja: "Hágase para allá, no le vayan a golpear". Mis abogados y yo no dábamos crédito; en lugar de llamar la atención al furibundo Nacif, me hacía responsable de evitar la violencia. Como si él no fuese la autoridad. Ya cuando se supo sin argumentos, comenzó a gritarme: "Pruébelo en tribunales, señora, no en los medios. Usted está más cerca de la Virgen de Guadalupe". Con su característica insolvencia de lenguaje quiso decir, balbuceando, que a él lo habían convertido en un monstruo y a mí en una santa.

Al terminar los careos, en las oficinas me encontré con algunas de las sobrevivientes de la red de pederastas. Ellas habían seguido durante meses la batalla a través de los medios. Nos dábamos ánimos y fuerzas mutuamente. Durante años ellas creyeron a los violadores seres omnipotentes, ahora eran simplemente humanos, enfrentados por una mujer como ellas. "De veras, todas somos Lydia Cacho", dijo mostrando una sonrisa de mazorca blanca la madre de una de las sobrevivientes de Succar, yo sólo pude responderle: "Y Lydia Cacho es todas las mujeres. Estamos juntas en esto".

Pasaban los días como quien trabaja en un circo de tres pistas. Por un lado mi caso: defenderme de Kamel Nacif y enfrentarme a él en careos de 6 y 9 horas, llenos de tensión y agresividad. Juntar pruebas y estar vigilante de actos de corrupción de las autoridades. Por otro: acumular material, entrevistar gente, buscar testigos para el caso interpuesto por mí ante la Federación en contra del "góber precioso" y Kamel Nacif. Por último: el caso Succar, también llamado el de "el pederasta de Cancún". Más niñas y sus madres habían pedido ayuda al CIAM Cancún. Aun cuando mis colegas hacían un extraordinario trabajo, a mí me tocaba llevar a cabo ciertos trámites complejos y darles estructura, ya que nadie mejor que yo estaba al tanto de la peligrosidad del caso y sus complejidades. Xavier Olea, luego de conocer a una de las jovencitas que fue abusada desde los doce años por Succar Kuri, aceptó defender a las niñas también. Ya hacía tiempo que la abogada Acacio se había retirado, también con amenazas de muerte y un "levantón". Ella también tenía otros casos que defender.

En ese escenario, debía darme tiempo para trabajar, pagar mis cuentas de luz y teléfono, conseguir recursos para mantener el Centro de Atención a Víctimas y cuidar mi salud física y emocional. Una tarde el abogado me avisó que debía presentarme como testigo en el caso Succar. Tres veces fui citada, luego de prepararme para enfrentar al socio y aliado de Kamel Nacif. Pero en todas las ocasiones, el juez determinó, a petición de los abogados del pederasta, que se pospusiera la comparecencia. Por fin, el 3 de mayo de 2007, llegó el día.

Yo sólo lo conocía en fotografías y videos. Como millones de personas, vi el video en el que Jean Succar Kuri narra, con crueldad digna de un sádico, cómo goza cuando ve que una niñita de 5 años sangra al penetrarla. Llegué a las 9:30 de la mañana acompañada de los abogados de las menores y allí en la entrada del penal de alta seguridad El Altiplano, mejor conocido como Almoloya, tardamos unos 15 minutos en revisiones. Dos kilómetros a la redonda del penal se pierde la señal de los celulares, la sensación inicial es extraña. Allí se hospedan los presos más peligrosos del país. Está prohibido entrar con alimentos o líquidos; por tanto, llegas y te vas sólo con lo puesto. No imaginé que pasaría 12 horas sin comer o beber agua.

Las salas de audiencia son pequeñas. Al entrar, mis ojos se toparon con un cristal transparente reforzado con barrotes de unos 5 centímetros de diámetro. Entre ellos atisbé un rostro enjuto, blanquecino, del hombre que tiene aún más parecido que nunca a su amigo y protector Kamel Nacif. Yo portaba mi playera con la leyenda "No más pederastas, no más corrupción, no más impunidad". Caminé de frente hacia Succar Kuri y su gesto se deformó; miró mi playera con detenimiento y de inmediato llamó a sus abogados. No pasó mucho tiempo antes de que Wenceslao Cisneros, el defensor del pedófilo (que meses después renunciaría, luego de ver un video pornográfico de Succar), pidiera al juez que me ordenara cubrir mi camiseta porque "ofendía al reo". En el acta quedó asentada la queja del abogado. La audiencia fue agotadora; basta decir que salimos de allí a las once de la noche. Lo fundamental es haber tenido la oportunidad de entender cómo se cierra la pinza de la corrupción y de la red que protege al pederasta.

Me quedó claro que sus abogados carecían de estrategia. La verdad es que Succar Kuri es indefendible con la cantidad de videos y fotografías pornográficas halladas en sus villas hace años. Además está el testimonio de esas valientes criaturas, como Margarita y Cindy, quienes todavía casi niñas, frente a Succar, han explicado ante el juzgado cómo las violaba y las grababa. También existe el trabajo de un puñado de agentes policiacos honestos y profesionales que lograron obtener pruebas y testimonios suficientes para que fuera arrestado. Pero después de tres años de haber sido denunciado... sigue en espera de sentencia.

Durante el careo, Succar Kuri se dedicó a mirarme con un encono extraordinario; a ratos fruncía el gesto de tal manera que desaparecían sus labios blanquecinos. Estábamos a dos metros de distancia: frente a frente, el hombre por el que Kamel Nacif me encarceló y torturó, por el que Mario Marín vendió la justicia, y yo. En otros momentos, como cuando su abogado insistió en que yo no soy periodista porque no tengo cédula profesional que lo indique, Succar levantó los brazos y golpeó las barras pegadas al cristal para luego pegarse en el pecho, tal como haría un gorila marcando su territorio. Me paré enfrente de él; es un hombre pequeño, me llega a la barbilla, al igual que Kamel. El juez lo mandó comportarse cuando hizo gesticulaciones escandalosas. Una y otra vez sacaba mi libro a relucir; él no podía tocarlo a través de las rejas, así que sus abogados se lo mostraban y él señalaba algo y me hacía preguntas. De pronto mi comparecencia, que había sido en calidad de testigo, dio un vuelco y pareció convertirse en un juicio en mi contra. ¡Cómo me recordó las frases y los argumentos que durante un año esgrimió en mi contra Kamel Nacif "el rey de la mezclilla y del coñac"! Hubo un momento tan álgido que pregunté al juez si esto era mi comparecencia como testigo por haber conocido a las niñas violadas o si, en cambio, era un juicio en mi contra por haber publicado *Los demonios del edén.* Durante casi cuatro horas los abogados de Succar insistieron en atacarme ferozmente; ante la imposibilidad de defender a su cliente, me atacaron a mí.

Pude, sin embargo, narrar las historias de las niñas amedrentadas, de cómo los abogados del pederasta les ofrecieron a unas madres 200 mil pesos y a otras 500 mil a cambio de su silencio, acompañados de amenazas, claro está. Succar insistía en que Emma, una de las muchas víctimas, me demandó por la vía civil para exigir un porcentaje de las ganancias de mi libro por "haber contado su historia". El gran conocimiento que el pederasta tiene de esta demanda nos ratificó la sospecha de que es él, junto con Nacif, quien estaría pagando a los abogados para demandarme. Recordé la llamada telefónica en que Kamel insiste en que después de la cárcel me interpondrá una demanda civil "hasta que pida paz, hasta dejarme loca" según sus propias palabras. El pederasta y su abogado intentaron evitar el tema de fondo del juicio: las niñas y niños violados por este hombre y utilizados para producir pornografía infantil. Yo insistí tanto como pude. Al final, luego de más de 11 horas y media, en su rabia y con un rostro deforme y mirada desorbitada, el cual me recordó al personaje Hannibal Lecter, Succar me aseguró que iba a acabar conmigo.

Escuchamos claramente decir a sus abogados que me demandaría por haber publicado *Los demonios del edén*. Para entonces el juez se había ido; esperábamos a que imprimieran los documentos para firmar. Succar insistía en que por mi culpa estaba preso. En su lógica le parecía que, si ya había logrado comprar con amenazas y dinero la voluntad de algunas de sus víctimas, ahora el estorbo era yo. Por mi parte sólo pude decirle en voz alta: "No está en prisión por mi libro, sino por sus propios actos aberrantes. Mi libro existe gracias a la valentía de las niñas cuyas almas usted fracturó de por vida; mi libro sólo cuenta la verdad de por qué usted estuvo a punto de salir libre ayudado por sus amigos poderosos".

Finalmente salimos del complejo principal del penal dispuestos a caminar el largo trecho hasta el estacionamiento. En los bellos jardines que llevan a la reja principal se nos acercó una camioneta de seguridad. El policía que la conducía preguntó: "¿Usted es la reportera?" Contesté que sí, con más orgullo que nunca. Detrás de mí se quedaba, unos metros bajo tierra, el hombre que como un demonio amoral ha poseído el alma y el cuerpo de no se sabe cuántas niñas y niños. Adelante, al aire libre, yo respiraba, feliz de poder hacer un trabajo para recuperar un pedacito de la dignidad de México. El policía que conducía el vehículo se ofreció a llevarnos al estacionamiento y dijo con gran naturalidad: "Ésos que van allá son los abogados del diablo. Ellos que caminen".

Ya en la camioneta, durante las casi dos horas de regreso a la ciudad de México, al lado de mi escolta, con el rostro hacia la ventana lloré sin poder detener las lágrimas. Nadie más que las criaturas que vivieron bajo su yugo saben lo que significa someterse a la tortura psicológica de este hombre. Me conmovieron las pequeñas y su valentía. Nadie tiene derecho a rendirse si ellas no se rinden, pensé.

Unos meses más tarde ese abogado que con encono me llamaba loca en los medios de comunicación daría una entrevista a Carmen Aristegui en vivo. Durante el noticiero, el abogado explicó que había renunciado a la defensa de Succar Kuri porque vio un video de evidencia en que el pederasta, desnudo de la cintura hacia abajo, montaba una cámara de video y daba órdenes a dos pequeñas para que se acomodaran desnudas en la cama. El video muestra escenas explícitas de violación.

En medio de juicios y un intento honesto por retomar mi vida cotidiana, yendo a cenar con mis amigas y amigos, hablando de temas que no fueran el drama que estábamos viviendo, yo, como quien cruza un océano y ya agotada saca el rostro del agua para respirar, intentaba buscar espacios de alegría, de risa, lejos de la gente que deseosa me preguntaba si podía ayudarle a resolver un caso, como si yo fuera la procuradora de justicia del país. Por todas partes encontraba personas que me pedían que les contara sobre el caso. Viajaba para recibir premios que por un lado me protegían y por otro me exigían que narrara en público una y otra vez la oprobiosa historia de la corrupción e impunidad mexicanas. ¿Quién es Lydia Cacho? ¿De dónde saca esa valentía?, me preguntaban sin parar y yo carecía de respuestas convincentes. La verdad, decir que fui educada para no rendirme, que soy congruente con lo que pienso y actuó no convence a nadie, no es un argumento heroico responder que soy una mujer como cualquier otra que decide defenderse de lo que considera injusto.

Mientras el caso Succar avanzaba, apunto de dar sentencia al pedófilo en Puebla "el precioso" Marín y la procuradora Villeda, al evitar admitir la existencia y gravedad del caso Succar, declaraban cada vez que les era posible que yo decía mentiras. Aseguraban que utilizaba mi detención para hacerme de fama y fortuna. La procuradora incluso se atrevió a declarar que mi libro era excesivo, puesto que aun no se había demostrado la culpabilidad del pederasta; jamás mencionó los derechos de las niñas y niños violados que denunciaron y el hecho de que para poder extraditar a "el Johnny" el juez Duncan vio varios videos de pornografía infantil, esa información había sido publicada en *Proceso* y *La Jornada* entre otros medios.

Una vez que gané el juicio a Kamel Nacif, el equipo de Marín decidió cambiar de estrategia. La consigna era no responder una sola pregunta sobre el caso Cacho, deslindarse públicamente de Kamel Nacif y fingir que nada había sucedido. En los medios aparecían cada vez más anuncios sobre las maravillas del gobierno de Puebla, insertos fotográficos del "góber precioso" con mandatarios de otros países. Incluso su equipo manipuló una fotografía de Marín al lado del secretario de Gobernación y flanqueado por dos gobernadores, en el diario *Milenio* de Puebla. Un diseñador cambió la cabeza de Marín por la de otro gobernador para que pareciera que él era el centro de atención. Pero fue evidenciado. A partir de entonces y hasta la fecha paga espacios para ser visto en giras. La más llamativa fue la fotografía en que apareció con el presidente Felipe Calderón, quien meses atrás, durante su campaña, había prometido exultante que, de llegar a la presidencia, él se aseguraría de que Marín fuera llevado a juicio político. Tan apasionadamente lo prometió, que con sus candidatos locales de Puebla sacó tarjeta roja, en un símil futbolístico, exigiendo la expulsión del "precioso" del juego político.

Poco a poco, el poder fáctico ganaba territorio. Priistas que habían hecho fuertes declaraciones en contra de la inmoralidad y corrupción de Marín ahora hablaban de mi "exageración del caso". Beatriz Paredes, una política de carrera que durante décadas circuló sanamente entre los grupos feministas, que a capa y espada defendió los derechos de las mujeres y en foros de todo tipo exigió defender la violencia de género, llegó finalmente al puesto que durante años había soñado: la dirigencia de su partido, el PRI. En cuanto tomó el poder cerró filas con Emilio Gamboa, quien en una de las llamadas telefónicas con Kamel Nacif evidenciadas en los medios le llama "papá" a Nacif y le informa que está a punto de pasar en el senado de la República la ley de juegos del hipódromo. Kamel lo regaña, le dice que no, que no quiere esa ley. Gamboa, servil y afectivo, le responde que está bien, que la "echa pa' atrás", que si él lo dice "nomás no pasa la ley papá". La misma Beatriz, quien hace años sentada a mi lado en un foro público dijera que la ética no es negociable, me manda decir con una connotada feminista que ya deje en paz al gobernador Marín, que no es para tanto lo que me hicieron. Ella olvidó a las niñas también.

"Si a miles de personas las torturan en este país, ¿de qué se queja la señora? ¿Qué la hace diferente o más importante para distraer a la Corte en un caso individual?", se atrevió a decir Aguirre Anguiano en la Suprema Corte de Justicia de la Nación.

Luego de ocho meses desde que salí de prisión mi caso llegaba a un estado de normalización, de trivialización. En un país donde la corrupción es avalada y perpetuada por los actores políticos y económicos en general, la única válvula de escape social es la indignación moral, pero con ella no se abate la delincuencia organizada ni sus vínculos con el poder político. Por ello la estrategia de los poderosos es, simplemente, reconstruir la imagen del personaje corrupto por medio de un gasto millonario en medios. Algunos de estos medios acuerdan anteponer la reinvención del personaje corrupto al seguimiento de la noticia, de tal manera que el tema desaparece paulatinamente y la opinión pública olvida el caso. Esa era, es aún, la táctica del equipo marinista. Mientras tanto yo seguía entregando pruebas y consiguiendo testigos para la Fiscalía de periodistas, la Fiscalía de delitos contra mujeres y la Suprema Corte de Justicia. Al mismo tiempo rescatando mis pruebas del Caso Nacif para defenderme en un juicio civil de una de las víctimas manipuladas por Succar. El argumento utilizado por los abogados de la joven es idéntico al utilizado por la defensa de Nacif y de Succar: que yo no soy periodista, por tanto no tenía derecho a publicar el libro *Los Demonios del edén*.

6

El final de la travesía

A principios de 2007 parecía que la pesadilla quedaba atrás, ya que los primeros días de enero gané el juicio al multimillonario Kamel Nacif. En marzo realicé una gira de 16 días por Estados Unidos, que inició en Milwaukee el día 23, con la entrega del premio de Amnistía Internacional Ginetta Sagan Award, entregado por mi labor en la defensa de los derechos humanos de las mujeres y menores.

Sin embargo, aún faltaría un largo camino por recorrer. La Suprema Corte estaba en marcha y ya la primera investigación había quedado incompleta y bajo sospecha de un intento de "encubrir" al gobernador Marín. La segunda investigación constitucional estaba ahora encabezada por el ministro Juan Silva Meza, un respetable y ético abogado, quien fuera juez de la Corte de Justicia Penal por muchos años. El 3 de mayo enfrenté al pederasta de Cancún en un careo de casi 13 horas, que culminó con una nueva amenaza de muerte. Pese a esto yo me sentía fortalecida. En el transcurso de algunos meses los demonios se habían revelado en su verdadera dimensión y yo los había encarado con éxito. Por fin el viento parecía soplar a mi favor. Apenas cinco días después de ver el rostro de Succar, cuando volvía tranquilamente de Ciudad Juárez con un grupo de periodistas, sufrimos un atentado.

Mi escolta esperaba en la puerta del aeropuerto, la PGR nos había enviado una camioneta que estaba designada para mi uso en la capital. Los periodistas Alejandro Páez y Jorge Zepeda Patterson, así como el director general de la revista *Nexos*, Rafael Pérez Gay y su esposa, se dirigían a la misma zona de la ciudad. Les ofrecí llevarlos en la camioneta. A punto de tomar velocidad entrando al Viaducto, el vehículo coleteó, de inmediato el conductor, uno de los agentes que me protegía, frenó pegando la camioneta a la banqueta. Al bajar supusimos que una llanta estaba ponchada; sin embargo, la escena cambió por completo al ver el rostro de la jefa de mi escolta palidecer y cruzar miradas rápidas con el conductor. En sus manos habían quedado los birlos o tornillos de la llanta. No hizo falta siquiera utilizar una llave especial. Todo sucedió muy rápido, la jefa de la escolta nos pidió que nos alejáramos del vehículo, teníamos que irnos de allí, pedimos un par de taxis de inmediato. En la palma de la mano de la agente Nuño se hallaban los birlos recortados, como si hubiesen sido rasurados por una segueta. La llanta no estaba bien colocada, sino movida de su eje y a punto de salir por completo con todo y el rin. Tomamos el taxi y llegamos a casa de un colega. La agente Nuño me pidió que hasta que estuvieran seguros de lo que en realidad sucedió, evitara salir de la casa. "¿Cree que es intencional?", le pregunté todavía incrédula. "Sí, licenciada, puede ser un atentado; por favor, no salga, voy a reportarlo con mis superiores". No fue sino hasta ese momento que me sentí preocupada y mis amigos lo estaban más aún. Decidí marcar a la Subprocuraduría de Delincuencia Organizada, sin resultados.

Llamé entonces a José Luis Santiago Vasconcelos, antes subprocurador del área y un conocedor del caso Succar/Kamel Nacif. No hice sino describir el suceso; para ese momento yo esperaba que el experto en crimen organizado me dijera que mi escolta estaba exagerando, que seguramente no era grave. Todo lo contrario. Me dio instrucciones de llamar a mis abogados e interponer la denuncia de inmediato. Ahora coludidos el gobernador Marín con Nacif y Succar, todos tenían mucho que perder con mi persistencia en llevarlos a los tribunales. Además, me recordó Santiago Vasconcelos, las amenazas de Succar en prisión no debían tomarse a la ligera.

Me comunicaron entonces con un agente especial de la AFI, experto en entrenamiento de manejo y persecuciones. Le expliqué nuevamente con lujo de detalle lo sucedido y él me respondió con una descripción sobre cómo un "trabajo" de esa naturaleza bien hecho nos podía haber matado. La idea, dijo el experto, era que la llanta trasera del lado del conductor saliera del eje por completo. Las camionetas Suburban de ese año son sumamente inestables, se hubiese volcado y seguramente a la velocidad de 80 o 90 kilómetros por hora el accidente hubiera sido mortal. Al día siguiente me presenté con mis abogados en la PGR y ante la fiscalía de periodistas interpusimos la denuncia —una más— de homicidio en tentativa.

Para documentar nuestro pesimismo, la fiscalía de periodistas se tardó más de tres meses en reaccionar sobre el atentado. La noche de un viernes, llegando a mi casa, mi escolta notó un vehículo apostado afuera, con un sujeto al volante. Se acercaron a él, dijo que venía de la PGR para darme un citatorio. ¿Viernes a las diez de la noche y la PGR entrega citatorios?, pensamos. Recibí el documento y con azoro leí que como resultado de mi denuncia por el atentado, la PGR me citaba al día siguiente —sábado y sin mis abogados— para que me presentara a someterme a un peritaje psicológico, con la finalidad de explicar el atentado en mi contra. No pidieron los birlos, ni interrogaron a mi escolta o a los testigos presenciales, ni tampoco el fiscal pidió a la PGR que entregara la camioneta de inmediato para llevar a cabo un peritaje y verificar si el vehículo fue manipulado, no. La fiscalía quería averiguar si yo estaba en mi sano juicio y si decía la verdad. Indignada llamé a mis abogados. No me presenté. Hasta la fecha en que se publica este libro, la fiscalía especial no ha revisado el vehículo, que hasta la publicación de este libro sigue estacionado en la calle, a las afueras de la PGR, y los birlos siguen resguardados. Mientras la Diputada priista aliada de Marín declaró con sorna a los medios que ella misma había limado los birlos, que ella había atentado contra mi vida. Una estación de radio poblana me entregó el cassette con la declaración completa. Lo entregué a la Fiscalía. Un ministerio Público le comentó a mi abogado que no era para tanto, que la congresista simplemente estaba haciendo una broma.

Sin embargo no todo eran malas noticias. El 21 de junio, una semana antes de que la Suprema Corte presentara sus resultados, un grupo de cineastas, intelectuales, artistas y activistas sociales publicaron en los principales diarios de la prensa nacional un desplegado titulado "Había una vez un pederasta". Encabezado por los multipremiados Alfonso Cuarón, Luis Mandoki, Guillermo del Toro y Alejandro González Iñárritu, el desplegado pronto se convirtió en una extensión de indignación moral y solidaridad internacional que solicitaba a las y los ministros de la Suprema Corte que escucharan la preocupación por el caso:

"Exhortamos a ministras y ministros de la Suprema Corte a devolver a las y los ciudadanos mexicanos nuestro derecho a confiar en los tribunales. Hasta ahora las repercusiones sufridas por las víctimas de Succar y la persecución en contra de Lydia Cacho parecerían dar la razón a ocho de cada 10 mexicanos, que consideran inútil denunciar un delito porque las instituciones del Estado no les darán protección. Si las autoridades poblanas son eximidas de su responsabilidad, si no se reconoce la evidente existencia de redes de pornografía, abuso y trata de menores en México, será muy difícil que algún otro ciudadano o ciudadana se atreva a desafiar en un tribunal a hombres que utilizando el poder público corrompen a la sociedad y fortalecen la criminalidad en México".

Entre las y los firmantes estaban Noam Chomsky, Ana Claudia Talancón, Sean Penn, Ashley Judd, Milos Forman, Benicio del Toro, Blue Demon Jr., Ángeles Mastretta, Bridget Fonda, Carlos Reygadas, Ana de la Reguera, Charlize Theron, Clive Owen, Susan Sarandon, Woody Harrelson y Salma Hayek. Se reunieron más de tres mil firmas entrelazando los nombres solidarios de siempre con nuevas firmas. El documento se envió a la corte. La solidaridad comprometida y amorosa de personas de todas la creencias y tendencias políticas nos hizo sentir más cobijadas que nunca.

Finalmente los resultados de la investigación se revelaron el 26 de junio de 2007. Yo estuve ahí, en la Suprema Corte, cuando se abrió la sesión, con mi compañero Jorge y mis abogados a un lado. Durante una hora y media escuchamos al ministro Silva Meza. ¡Nadie podía creerlo! Por primera vez en la historia mexicana fue realizada cabalmente una investigación de derechos humanos, de derechos de una mujer, en el máximo tribunal de la nación, sin la intrusión de un presidente de puño de hierro.

Cuando el ministro Silva Meza expuso sus conclusiones y la explicación de cómo él y su equipo de investigación llegaron a ellas, las lágrimas comenzaron a brotar lentamente de mis ojos. Durante casi dos años me abstuve de llorar en público, no porque crea que las lágrimas rebajan a las personas o a las mujeres en particular, sino porque por un lado algunos de los medios ponen tanto énfasis en el drama, que en cada entrevista insistieron en que yo jugara el papel de la víctima devastada, pero no lo era. Estaba defendiendo mi dignidad como mujer y mi trabajo como periodista. Además para entonces ya había comprendido que mi batalla era la de millones de mexicanas y mexicanos que seguían paso a paso la historia, no por ir como individua, sino para saber si de verdad, a pesar de todas las evidencias, el Estado mexicano es capaz de semejante complicidad. Por otro lado, las veces que yo decidí controlar el llanto frente a mis colegas se debió a que en muchas ocasiones sentí que si comenzaba a llorar me ahogaría en mi propia tristeza y ya no volvería a estar fuerte para dar la batalla. Para permanecer valiente, ser capaz de entender cada acto de corrupción y responder a esta guerra como lo haría una jugadora de ajedrez, necesité el temple y la paz interior de mi mente que la diaria meditación, las convicciones y la solidaridad incondicional me proporcionaban cada día.

Esta vez, me dije, fue diferente: la Suprema Corte de mi país reconocía todos los delitos cometidos en contra de las niñas y niños y, como resultado de haberles dado voz en un libro, también reconocían los delitos perpetrados contra mí. Silva Meza dijo "la periodista Lydia Cacho se quedó corta con su libro". Refiriéndose a la gravedad de la explotación infantil en México. Por un instante pude sentirme con derecho a dejar mi armadura. La verdad estaba allí, frente a la nación. ¿Qué más podíamos pedir?

Sin embargo, una especie de bofetada heló mis lágrimas cuando se escuchó la voz de Ortiz Mayagoitia, presidente de la Suprema Corte, al dar voz al secretario que leyó un documento supuestamente preparado por el ministro José de Jesús Gudiño Pelayo, quien por estar afónico no pudo darle lectura. El plan estaba listo. Gudiño en su documento llamó a la Suprema Corte a no fallar en el caso "hasta que se decidieran las reglas para que tomaran una decisión". Esto fue como si un partido de futbol hubiera sido jugado frente a una multitud, los goles hubieran sido vistos y al final el árbitro hubiera declarado que no "había ganador" hasta que ellos revisaran las reglas bajo las cuales se definirían los goles.Varios abogados constitucionalistas me aseguraron que si el fallo hubiera sido a favor del gobernador, no se hubiesen pedido las reglas *a posteriori*.

El ministro Silva Meza estaba abrumado; los representantes de los medios no podían creerlo tampoco. Pero los abogados Aguilar Zínzer y Aguinaco, dos del equipo de siete hombres que defendían al gobernador Marín, permanecían estáticos detrás de nosotros, mientras uno a una, ministros y ministras votaron y acordaron suspender la decisión.

Caminamos fuera de la corte y los abogados del gobernador, extasiados y sonrientes, declararon a los medios que estaban muy satisfechos porque los ministros de la Suprema Corte les escucharon con el fin de proteger los derechos del gobernador Marín. Uno de ellos negó más tarde haber declarado eso en los medios; pero, gracias a un reportero, su voz quedó grabada para la historia.

Varios analistas concluyeron que hubo una negociación política entre el PRI (partido de Marín) y el PAN, de cara a los difíciles acuerdos sobre la reforma fiscal, que el presidente necesitaba por ser tan conveniente en sus planes económicos para México.

La verdad fue dicha en la Suprema Corte ese día y la indignación social se hizo evidente en los medios, sin embargo, la esperanza volvió a asomarse por la ventana a fines de septiembre de 2007.

La metodología de la investigación fue aprobada por la comisión especial luego de habernos dejado en ascuas 30 días más. Los resultados de la investigación del equipo de ministros y abogadas de Silva Meza permanecerán por siempre en los libros de historia de la justicia mexicana. A continuación transcribo algunos de sus resultados, tomados directamente de la lectura pública en su propia voz.

El último recurso: la Suprema Corte de Justicia y Juan Silva Meza

> *Primera.* Sí existió concierto de autoridades de los estados de Puebla y de Quintana Roo para violar derechos fundamentales de la periodista Lydia María Cacho Ribeiro, violando además los principios democráticos de federalismo y división de poderes, en especial el principio de independencia judicial.
>
> *Segunda.* Sí existe violación reiterada y sistemática de derechos fundamentales en perjuicio de menores de edad.
>
> *Tercera.* Corresponde al Congreso de la Unión la decisión definitiva sobre la procedencia o no del juicio político que corresponde instaurar a un alto funcionario de la Federación, como lo es el gobernador constitucional del estado de Puebla, licenciado Mario Plutarco Marín Torres.

Cuarta. Por lo que ve a la responsabilidad de las autoridades que participaron directa o indirectamente en la componenda del gobernador con el empresario al que auxilió, tocará analizar a la legislatura de cada entidad federativa iniciar el procedimiento que corresponda contra el magistrado presidente del Tribunal Superior de Justicia del estado de Puebla, Guillermo Pacheco Pulido, así como en contra de los procuradores generales de justicia de los estados de Puebla y de Quintana Roo.

Quinta. Al pleno del Tribunal Superior de Justicia del estado de Puebla, sin la participación de los involucrados, decidir sobre la conducta de los funcionarios judiciales, en lo particular la juez quinto penal del estado de Puebla, Rosa Celia Pérez González.

Sexta. Al Ministerio Público de los estados de Puebla y de Quintana Roo el ejercicio de las acciones penales que correspondan por la corrupción de autoridades y por los delitos contra la administración de justicia.

Séptima. Corresponderá a todas las instituciones dependientes de la Procuraduría General de la República, al igual que la de los estados, así como las encargadas de la defensa de los menores, investigar, combatir y perseguir con toda la fuerza e ingenio del Estado cualquier acto de pederastia, explotación y pornografía infantil. Para ese efecto y dado que se trata de un sector que por su incapacidad está imposibilitado de comprender el daño o de participar en su solución, se sugiere informar periódica y públicamente los resultados de las investigaciones, justificándose únicamente la secrecía o confidencialidad de la víctima y la del agresor cuando por razón de grado o forma de participación pueda conocerse la de la víctima.

Octava. Se sugiere que los tribunales jurisdiccionales, dentro de los procedimientos que tiendan a la obtención de elemen-

> tos de convicción, privilegien la atención a los derechos de la víctima, procurando la participación con pleno derecho de los ascendientes, los asesores profesionales y los representantes jurídicos.

Para llegar al resultado final, se investigó a los servidores públicos del gobierno marinista, por órdenes judiciales se intervinieron 21 teléfonos de: el gobernador Mario Marín, Kamel Nacif, Margarita Santos (esposa de Marín), Irma Benavides (ex esposa de Nacif), la juez Rosa Celia Pérez y del presidente del Tribunal Superior de Justicia de Puebla, Guillermo Pacheco Pulido, entre otros; también los de diversos secretarios y personajes a las órdenes de Marín. En el documento de 1 205 páginas, extraordinariamente analizado en el número 87 de la revista política *emeequis*, la comisión desentrañó paso a paso las mentiras y acciones para la conspiración delictuosa en mi contra.

Concluye el ministro Silva Meza:

> Los trabajos de la Comisión Investigadora revelaron que la denuncia de la periodista [Lydia Cacho] sólo es un pequeño esbozo de la grave situación en la que se encuentra un gran número de menores, pues la comprobación del abuso sexual del que fueron víctimas algunas de las personas que refiere la periodista motivó a la Comisión Investigadora a verificar, con los medios a su alcance, las diversas violaciones que pudiera estar resintiendo un sector de la población. Para ese efecto, [...] la Comisión Investigadora solicitó información a diversas instituciones públicas y privadas, de manera fundamental a las instituciones de procuración y administración de justicia, por ser la mejor fuente de información al alcance de la Suprema Corte de Justicia.

La titular de la Fiscalía Especializada para la Detección de los Delitos que Atentan contra la Libertad Sexual y su normal desarrollo y contra la moral pública de la Procuraduría General de Justicia del Estado de Quintana Roo, Cancún, reportó la cantidad de 1 595 averiguaciones previas iniciadas respecto de delitos sexuales cometidos en agravios de menores. El delegado de la Procuraduría de la Defensa del Menor y la Familia proporcionó dieciséis expedientes de menores que se encuentran bajo el resguardo y en situación de riesgo, quince de ellas por abuso sexual y por la explotación sexual comercial infantil.

Este expediente fue entregado a la Subcomisión de Análisis Previo del Congreso de la Unión. El documento fue revisado cuidadosamente y se hallaron elementos para solicitar el desafuero de Mario Marín. A pesar de ello, diputados del PRI y del PAN se rehúsan a votar en contra del "góber precioso", entre ellos Diódoro Carrasco, ex militante del PRI y ahora perteneciente al PAN, partido del presidente Calderón.

Algunos de los más poderosos políticos mexicanos, entre ellos el presidente de la comisión de Hacienda, presupuesto y cuenta pública Jorge Estefan Chidiac Charbel, han defendido a capa y espada al gobernador. Chidiac fue Secretario de Desarrollo Social en Puebla y es muy cercano al "góber precioso". Otros han tomado partido dependiendo de la utilidad de "el caso Lydia Cacho" para atacar a sus enemigos políticos. Lo cierto es que a pesar de que la Suprema Corte ha elaborado una investigación impecable, que pasó ya por una reglamentación, *a posteriori*, e incluso dio un tiempo extra para que los siete abogados del gobernador aportaran pruebas, el Congreso de la Unión sigue sin comprender que cada uno de los personajes que vota y defiende al gobernador, está, desde el poder público, perpetuando la corrupción, e indirectamente protegen a las redes de pederastas. Los legisladores se exhiben sin decoro, como si la ética pública no fuese parte de su mandato.

El 16 de octubre del 2007 el Senador de izquierda Pablo Gómez, quien presentara originalmente, entre otros, la solicitud de juicio político, se presentó con el Frente Cívico Poblano en conferencia de prensa. Explicó que no comprende qué está sucediendo en el PAN, pues "ahora si el diputado del PAN Diódoro Carrasco Altamirano no convoca, en su carácter de presidente, a la Subcomisión de Examen Previo para reunirse, no podrá avanzar el juicio político en contra del gobernador de Puebla, Mario Marín Torres". Carrasco perteneció al PRI hasta hace poco tiempo que el partido de derecha le ofreció espacios mejores para ejercer el poder. Pasarán unos meses hasta conocer el desenlace final del asunto; mientras esto sucede, hemos logrado hacer una radiografía del sistema de justicia penal y de los alcances de los pactos insondables del poder público corrupto sobre la o el ciudadano común.

Las lecciones han sido incontables. Nunca como ahora he tenido tanta claridad sobre porqué México no se transforma —ni se transformará fácilmente— en un país con estado de derecho.

Epílogo: Una historia interminable

La tarde del atentado contra la camioneta en la que viajaba llegué a las oficinas del ministro Juan Silva Meza. Había pedido la cita tiempo atrás, y como a mis contendientes, me tocaba visitar al ministro. Subí por el elevador y en la recepción un hombre amable me condujo a la sala de espera. En las puertas que me rodeaban estaban inscritos los nombres de las ministras y ministros. No pude evitar imaginarles adentro de sus oficinas, revisando documentos y tomando decisiones, debatiéndose entre asumir una postura jurídica teñida de política o una postura política argumentada jurídicamente. ¿Y las presiones?, me pregunté en silencio. Ya el ministro Mariano Azuela había personificado una descarada defensa del gobernador cuando Silva Meza leyó en el pleno de la Corte el dictamen que hacía responsable a Marín de colusión delictuosa. En esa primera investigación de la Corte lo eximieron porque los investigadores decidieron que el "Señor Gobernador" tenía una investidura y no podía ni debía ser investigado a fondo. ¿Qué fue lo que guió esa primera comisión? ¿El miedo ancestral a confrontar a gobernadores que por más de setenta años han sido intocables? ¿Sería una nueva forma de colusión entre servidores públicos? ¿Acaso hubo compra de voluntades? Recordé el caso en que un ministro de la Corte fue encarcelado, acusado por quien ahora es mi abogado, Xavier Oléa, por aceptar dinero para dejar libre a un asesino violador de una pequeña niña en Acapulco. ¿Por qué esta vez había de ser diferente? Me hallé sin respuesta.

Me descubrí sentada hacia adelante, con los codos sobre las rodillas y las manos empalmadas como quien se prepara para elevar una oración. Una verdad abrumadora cayó sobre mí: éste no es el final de la batalla. Aunque es la última de las instituciones del Estado mexicano a la que puedo apelar para defenderme, los demonios, allá afuera, no se darán por vencidos para ultimar mi vida; el episodio de ese mismo día era un recordatorio. ¿Pasaré veinte años secuestrada por una escolta para evitar que me asesinen? Eventualmente, agotada por las amenazas, ¿me convertiré en una emigrante más expulsada de México por la violencia? Y mi vida, la vida y el sufrimiento de las niñas y niños abusados y desaparecidos por esta red de tratantes de menores, ¿serán sólo una anécdota más entre los millones de casos devorados por la corrupción? Un volcán de tristeza invadió mi cuerpo, el llanto subió irrefrenable por mi garganta y cerré los ojos en un intento inútil por detenerlo. Ésta es una sensación cotidiana para millones de mexicanos. Nunca como ahora estuve tan consciente de la orfandad de la patria; no hay patria, no hay matria que nos proteja, hay un vacío y para no admitirlo, por miedo a caer en el abismo, millones, al sentirse indefensos, se someten a los designios del poder, se suman a la corrupción, silencian la verdad. Una voz masculina interrumpió mi pensamiento. "Puede pasar", dijo un joven amablemente. Respiré profundo, entré al baño a secar mis lágrimas y a rescatar la compostura. Otra vez la

Lydia pública, la que persiste y no se quiebra tenía que entrar en acción; mientras la Lydia interior se hallaba agotada como para seguir el juego, ¿la farsa?, de la mano del Estado mexicano.

Sentado en su escritorio, el ministro Juan Silva me recibió afectuoso y educado, como hace con toda la gente. En un tono amable y profesional hizo un recuento del estado de las cosas, y me explicó que el gobernador Marín tendría acceso al expediente completo para que su defensa argumentara. Pero esto no es un juicio penal, protesté ingenuamente. ¿Qué no se trata de una investigación en la cual todas y todos tenemos que dar nuestras pruebas, nuestros testimonios, y la Suprema Corte valorar los hechos concretos y los indicios? Silva me explicó que, dados los resultados, el pleno de la Corte había decidido que se le diera una segunda oportunidad al gobernador. ¿Y si el resultado hubiese sido al revés, a mí, la ciudadana sin poder político, me habrían dado una segunda oportunidad? El ministro guardó silencio antes de explicarme que pasarán algunos meses para que la Suprema Corte vote en el pleno. Una sensación conocida subió por mi espina dorsal. La imagen del viaje en la carretera con los judiciales relampagueó en mi mente: los momentos en los que me sentí agradecida con mis captores porque no cumplían sus amenazas de ultimar mi vida, la incesante corriente eléctrica de adrenalina cuando alimentaban mi esperanza al permitirme hablar por teléfono y, acto seguido, arrebatármelo mientras las voz de mis familiares preguntaba: "¿Quién es... bueno... bueno?". No puedo más, pensé, y mientras nos mirábamos a los ojos, mis pupilas comenzaron a flotar en la sal de la desesperanza, por mi rostro cayeron sin decoro las gotas de la despedida. Las palabras se desvanecieron, quedé sin argumentos. Todo estaba dicho. Saqué un pañuelo desechable de mi bolsa y, poco a poco, fui calmándome.

El ministro, conmovido, fue profundamente respetuoso. No me pidió que no llorase, por el contrario, me narró cómo él mismo había sido amenazado cuando seguía un caso como juez penal, en el que estaba involucrado un hombre de gran poder policiaco y político. “No pensaba en mí, sino en mi hijo. Si me quisieran hacer daño podrían hacerle algo a él. Pero seguí adelante porque la congruencia es el único camino para sostener la ética, para acceder a la justicia”. Le observé absorta: su cabellera blanca, el rostro redondo, y bajo sus lentes una mirada transparente. Sus manos carnosas extendiéndose al aire mientras habla. “En algún lugar —dijo con un tono casi travieso— leí que no se vale rendirse porque las niñas abusadas necesitan ser protegidas”. El hombre me estaba citando.

Sonreí. A mi mente llegó la imagen de los ojos luminosos de dos niñas abusadas que, mientras esperaban a la psicóloga, coloreaban cuadernos en mi oficina, compartiendo alegres sus dibujos, rescatando con su sabiduría infantil su derecho a la felicidad.

Me levanté para despedirme. El ministro me explicó que la Cámara de Diputados y Senadores ya le habían pedido el expediente para estudiar la posibilidad del juicio político. “Esperemos que se haga justicia, pero no se rinda, que el país tampoco se rinde”.

Mientras subía a la camioneta, con mi escolta más alerta que nunca, pensé que la indignación moral que a lo largo del país se reveló con mi caso, no es suficiente para entrar por las fisuras de la corrupción institucional de México. Se precisan seres humanos dispuestos a transformar las instituciones desde dentro del sistema. ¿Pero quiénes, cuántas personas están dispuestas a no ceder? ¿Cuántas dejarán de decir diariamente que así es México, que no tiene remedio y que por eso “roban un poquito”?

¿De qué tamaño es el monstruo institucional? ¿Cómo entender a ese cancerbero que, como en la mitología griega, es un monstruo de más de cincuenta cabezas, encargado de no permitir la salida de las almas llevadas al infierno de la impunidad? Las cabezas del cancerbero son muchas y mirarlas con detenimiento nos permite comprender a México. Una de esas cabezas es la efigie de buena parte de la sociedad que, cada vez que puede, se corrompe y busca caminos fáciles, alimentando la corrupción generalizada. Es el policía que pide mordida y el conductor que la da, el que copia una película pirata y el que la compra. Se necesitan dos para este tango nacional.

"Mario Marín es el gobernador que más dinero le ha costado a la sociedad poblana, 184 millones para ser precisos", declaró el diputado federal Francisco Fraile al referirse a los recursos públicos que "el góber precioso" gastó por medio del área de Comunicación Social de su gobierno, desde el 14 de febrero del 2006, día en que se hicieron públicas las llamadas entre el mandatario y Kamel Nacif. Esos recursos se utilizaron para limpiar su imagen pública, nada más. Pero ¿será el dinero lo que compra la impunidad a Marín? Yo no lo creo. Para comprender por qué cuando en los Estados Unidos, en España o en Francia, un congresista o incluso un gobernador, expuesto a un escándalo público, renuncia presionado por sus compañeros de partido, mientras en México es protegido como una víctima aplastada por una verdad incómoda, necesitamos entender los mecanismos políticos y sociales de la corrupción mexicana.

Una actual diputada priista me detuvo en el aeropuerto. Como quien huye de la KGB, me llevó a una esquina y en voz baja me dijo que su admiración por mi causa la llevaba a decirme que su partido no estaba dispuesto a votar por el juicio político contra Marín —aunque ella si lo hará—. Sería tanto como abrir las puertas a la posibilidad de que ellos, que también tienen fuero, sean eventualmente juzgados por sus actos de corrupción. "*En Marín se ven ellos reflejados; las alianzas corporativas son alianzas morales, o inmorales. Ellos avalan el sistema corrupto, y han logrado permear en el Congreso la versión de que tú has exagerado, que así somos las mujeres de chillonas. Te has convertido en una amenaza, en un aviso del potencial que millones de mujeres tenemos para revelar quiénes son ellos; además, Gamboa nos dijo que no eres periodista*". Se despidió pidiéndome que no me diera por vencida. Ésa que se esconde en una esquina para decir la verdad, muestra la perspectiva humana de las pequeñas solidaridades de quienes pertenecen al sistema. La otra, la perspectiva política que mantiene el *status quo* es más simple de asir: el presidencialismo histórico, el poder de los gobernadores, el modelo económico y el sistema de justicia penal inoperante, son los pilares que lo sostienen.

En el pasado, el control de los gobernadores se ejercía a través de mecanismos metaconstitucionales, gracias al presidencialismo. Durante más de seis décadas los mandatarios mexicanos ejercieron reiteradamente su poder para resolver crisis y eliminar grupos rivales. Ernesto Zedillo fue el primer presidente que fracasó en el intento de "retirar" a un gobernador incómodo (es el caso de Roberto Madrazo, quien en 1995 fue acusado de fraude electoral en Tabasco). Antes que él, la matanza de Aguas Blancas, que llegó a la Suprema Corte y fue expuesta en su real dimensión gracias al trabajo periodístico de Ricardo Rocha, se resolvió, no porque fuera justo y demostrado, sino por las órdenes del presidente al gobernador que ordenó la masacre. La historia lo demuestra: Echeverría destituyó a Armando Biebrich, gobernador de Sonora, con un telefonema. Y cuando Ramón Corral ganó una elección dudosa en Guanajuato, Salinas lo removió cuando era gobernador electo (así comenzó la carrera de Vicente Fox, quien después llegó al gobierno de ese estado). A raíz de la indignación moral por las explosiones del 22 de abril del 92 en Guadalajara —gracias al trabajo de periodistas del diario *Siglo 21*— Salinas forzó a Cossio Vidaurri a renunciar.

Pero luego, en 2002, llegó Vicente Fox, un panista sin nociones para gobernar, él fue el parteaguas —circunstancial, que no estratégico— para romper la estructura del presidencialismo dictatorial y todopoderoso. Los presidentes no tomaban decisiones necesariamente éticas sino tácticas, buscaban mantener al PRI en el poder y contener las rebeliones posibles provocadas por la indignación moral de la sociedad mexicana sumida en la impunidad, la pobreza y la violencia creciente. Mientras eso sucedía, la televisión mantenía entretenida a la opinión pública con telenovelas y fútbol.

Pero el presidencialismo no solamente operaba sobre los gobernadores. También sobre los dueños del dinero y los medios. Cuando Bailleres, uno de los cinco hombres más ricos de México, murió, su heredero fue citado por el presidente Gustavo Díaz Ordaz, quien le preguntó qué iba a hacer con su fortuna. Luego le dio un par de "buenas ideas". El famosos "Tigre" Azcárraga, fundador de la televisora más poderosa de México, dijo orgullosamente "yo soy un soldado del PRI". Así se sostuvo el maridaje entre los monopolios mediáticos y el monopolio político, se hizo lo necesario para contar las historias que convenían al sistema, para crear ante la opinión pública un México convenientemente falso, tranquilo y bajo control. Todo bajo control entre *Los ricos también lloran* y *Cuna de lobos*.

Los dueños del monopolio político y del empresarial crecieron hombro con hombro, como en una "buena" familia, los secretos y los convenios alimentaban la cercanía y el vínculo de complicidad. Los grandes empresarios no necesariamente hicieron sus fortunas con actos delictivos, pero sí por la cercanía al poder político y las facilidades que éste les ha brindado. En algunos casos, como el de Quintana Roo (Cancún y la Riviera Maya), una parte de la inversión empresarial mexicana y extranjera cuya finalidad ha sido blanquear dinero, se sostiene con altos grados de corrupción estructural, y en algunos casos, con vínculos concretos con el crimen organizado.

En la actualidad las veinte familias más acaudaladas del país no sólo concentran una proporción muy superior al 10 por ciento del PIB, y más de la mitad del valor accionario de la Bolsa Mexicana, sino que además tienen una fuerte injerencia en las decisiones políticas —mucho más que en la era presidencialista—. Ahora pueden comprar políticos a modo, de tal forma que hombres como Jorge Mendoza, director de TV Azteca, se lanza como congresista para defender los intereses de su empresa y del PRI. Sus noticieros reflejan los tratos, convenios y tendencias políticas de su partido. Nuevos tiempos, nuevas estrategias, mismos resultados.

Gran cantidad de especialistas coinciden en que Vicente Fox encabezó el último gobierno priista aunque con una presidencia de otro partido. La estructura financiera y hacendaria, y la conducción de los cuerpos de seguridad pública, estaban conformadas por personajes del PRI, conocedores del sistema y afines a los mecanismos que sostenían el modelo económico, político y judicial.

Felipe Calderón intentó mantener al PRI en la oposición, pero su presidencia desmantelada le ha obligado a entregarse en brazos de los viejos operadores, a cambio de estabilidad y control. Sus facturas políticas con el empresariado y su visión del mundo lo convierten en estrecho aliado del gran capital.

No hubo procesos de democratización del sistema, no hubo transformación social paulatina en la que gobierno y sociedad rompieran el viejo molde. El pastel sigue siendo idéntico, horneado en el mismo molde, circular, y en el mismo horno: elecciones opacas. El betún es diferente, ahora es azul, y el muñequito en la cumbre es un hombre llamado Felipe que va inventando día a día su propia noción de presidencialismo. Pero ahora que el PRI es oposición, las negociaciones evidencian y exponen a la opinión pública, mejor que nunca, el poder de los feudos estatales. En un país de 104 millones de habitantes y 32 estados, cada gobernador actúa como lo hicieran los presidentes priistas, reproduciendo el modelo. Marín en Puebla y Ulises Ruiz en Oaxaca son una muestra fiel de que la federación carece de instrumentos ágiles para destituir a un gobernador "incómodo". El caso pasa necesariamente por el Congreso de la Unión y por cada legislatura estatal. Incluso habiendo argumentos legales poderosos, como en los casos de Atenco, de Oaxaca y del mío, entre muchos otros, siempre estarán condicionados por una negociación con los partidos; los juicios políticos no surgen entonces de un debate ético. Y desde luego, no saldrán de las propias regiones, porque los gobernadores como Marín tienen secuestrados a los congresos locales, con diputadas y diputados que el ejecutivo mismo coloca para gozar de un "reinado" impune.

Son incontables los instrumentos que poseen los mandatarios frente a sus propias legislaturas y a sus poderes judiciales, aún sin una mayoría clara. Basta con ver el "perdón" jurídico que recibió Arturo Montiel o la estrategia de medios y las relaciones públicas de Peña Nieto, gobernador del estado de México, convertido en protagonista nacional gracias a las partidas ingentes dedicadas a promoverlo. O los millones que Marín ha pagado para promocionar las casi diez veces que se ha reunido con Felipe Calderón, para enviar el mensaje de que ha sido perdonado por quien en campaña pidió —y ofreció— su cabeza "por las niñas y los niños de México".

Nunca como ahora los gobernadores han sido actores tan autónomos, y en esa medida protagonistas políticos con poder propio. Mario Marín lo es. Aunque él haya perdido credibilidad pública, como gobernador cuenta con la incondicionalidad de su congreso, con la posibilidad de pagar millones de pesos en publicidad y con la herramienta más poderosa: un empresariado dispuesto a utilizar su debilidad para arrancarle acuerdos que faciliten el enriquecimiento de unos cuantos a cambio de no ejercer presión política. Entre ellos está el vicepresidente de la Confederación Patronal Mexicana (Coparmex), Rogelio Sierra Michelena, quien, sin decoro, confesó a Álvaro Delgado, periodista de la revista *Proceso*, y a *Quinta Columna* de Puebla, que sí les ha sido útil el "caso Cacho-Marín" para facilitar negociaciones con el gobierno poblano. Sierra Michelena —contratista del gobierno poblano— fue un gran crítico de Marín, sin embargo, ahora dice que lo ha perdonado porque "se perfila como el mejor gobernador en la historia de Puebla, ya que muestra un *gran arrepentimiento* (por el caso Cacho)". Unos cuantos empresarios de la Confederación se mantienen en sus principios éticos y esperan que se acate la resolución de la Corte pero, por desgracia, son agujas en un pajar.

Nada ilustra mejor la impotencia de la federación frente al poder casi monopólico de un gobernador en su región, que el caso de Oaxaca y Ulises Ruiz. A pesar de todas las agravantes visibles, los intentos del gobierno federal por deshacerse del mandatario se estrellaron una y otra vez contra impedimentos legales y la propia lógica de su autonomía. Los contrapesos de un gobernador son, en teoría, los otros poderes locales: el Congreso Estatal y el Poder Judicial de la entidad. Pero sólo en teoría. En el caso de Puebla, la investigación de la Suprema Corte nos permite ver con claridad el mapa de la colusión de servidores públicos que, desde Guillermo Pacheco Pulido, el presidente de Tribunal Superior de Justicia del estado, hasta la juez, la procuradora y otros treinta y tantos personajes, se someten a los designios, y sostienen públicamente la mentira obedeciendo a su jefe, el gobernador, y éste a su vez a Kamel Nacif, un empresario multimillonario. Ante Kamel Nacif se rinden, según las grabaciones y cientos de testimonios adquiridos a lo largo de esta historia, tres gobernadores que le piden dinero, le hacen favores y le llaman amorosamente "papito", "papá" o "mi héroe". Las conversaciones telefónicas dieron cuenta de la influencia que tiene sobre uno de los políticos más poderosos de México, Emilio Gamboa Patrón, mencionado por las niñas víctimas de la red de pederastas de Succar Kuri, y nombrado por el propio pederasta como su amigo y protector.

¿Cuántos políticos más están en el bolsillo de Nacif? ¿Cuántos servidores públicos, procuradores, ministerios públicos? Sólo él y quienes se han prostituido con su dinero lo saben. Veintenas de artículos periodísticos y programas de radio habían hecho público el historial de Nacif, su arresto en Las Vegas y sus vínculos con mafias de Nevada. A pesar de ello el ex presidente

Vicente Fox lo nombró "un ciudadano ejemplar". Había invertido una pequeña cantidad al abrir una maquiladora en Chiapas, donde gobernaba su amigo (también evidenciado en las llamadas telefónicas) Pablo Salazar Mendiguchía, quien llegó al poder a la cabeza de una alianza conformada por el PRD y el PAN, entre otros. La inversión real en la maquiladora fue de recursos públicos; la explotación laboral y su posterior cierre han sido estudiados y denunciados por organismos nacionales e internacionales de derechos laborales en las maquilas. Pero lo importante para todos ellos es la "generación de empleos", aunque ello signifique explotación laboral, enfermedad y contaminación ambiental, además de violación a los derechos humanos de millones de trabajadoras y trabajadores. Mientras el modelo se sostenga, sus implicaciones sociales no tienen importancia. El crecimiento del país no se alimenta —desde el poder político— de principios éticos y visión de largo plazo para el bienestar de las mayorías, sino de la satisfacción de las agendas personales de un millar de individuos que controlan el país.

Un ministro de la corte dijo en sesión del pleno, frente a las cámaras, que en los viejos tiempos era el presidente quien daba las órdenes a la propia Corte y que ahora las cosas son diferentes. Claro que lo son. Pero ¿qué haremos ahora sin un tirano que ordene justicia a modo? ¿Qué mano puede asir el martillo de la justicia y sentenciar justamente? ¿Alguien sabe como ejercer la libertad? Algunos han demostrado que sí es posible, entre ellos Silva Meza, pero una golondrina no hace verano. Lo que este caso deja claro es que el sistema corrupto no se perpetúa solo, precisa de seres humanos que lo alimenten, lo construyan y, con su voluntad para prostituirse, cierren las puertas a la transformación y la democratización.

La pinza se cierra con la disfuncionalidad del sistema de justicia penal mexicano. Guillermo Zepeda Lecuona hace una exploración sobre lo que él llama "la víctima investigadora" en su ensayo *La investigación de los delitos y la subversión de los principios del subsistema penal en México*. El derecho penal, dice Lecuona, ha creado la figura del ministerio público como perito en derecho, encargado de la investigación penal, responsable de reunir la evidencia y representar a la sociedad y a la víctima y denunciante en sus legítimas expectativas de derecho. Sin embargo, ante la imposibilidad de los funcionarios de realizar las investigaciones en todos los casos que les son planteados, en la práctica se endosa indebidamente a la víctima muchos de los costos de la investigación; la víctima, entonces, tiene que llevar hasta el escritorio de la autoridad evidencias y pruebas, si quiere que su caso prospere. De hecho se ponen barreras indebidas e inconstitucionales a la presentación de denuncias y a la participación de la víctima. Además de los tiempos de espera, se han extendido prácticas como la "ratificación" de denuncia, calificación de procedencia de las denuncias, así como altos costos de participación en la averiguación previa y en el proceso penal. Por eso también las víctimas (cuyos derechos a partir de 2000 tienen rango constitucional) y la sociedad aparecen desvanecidas, pues sus derechos no son tutelados ni reciben apoyo suficiente de las autoridades.

El ministerio público se creó y ha permanecido dentro de la esfera administrativa del poder ejecutivo, en un país en el que por décadas la presidencia no tuvo contrapesos reales. Los alcances de las atribuciones del ministerio público pueden resumirse en una frase: discrecionalidad sin control eficaz. Estas atribuciones sin contrapeso no son casuales; corresponden a una visión del poder publico que hacía que el ejecutivo desease conservar en su esfera de dominio, con plena discrecionalidad y sin control externo, la investigación y la persecución de los delitos, así como la posibilidad de hacer valer incontestablemente sus determinaciones ante los jueces para lograr la condena de los procesados. Estas atribuciones hicieron de las procuradurías una instancia más de esa extensa red de control a disposición de intereses políticos hegemónicos. En la aplicación selectiva del derecho penal —el asegurar un castigo al disidente y garantizar la impunidad al aliado— está gran parte de la razón de ser del actual diseño institucional de nuestra procuración de justicia penal. Este caso es prueba fiel: la red de pederastas, a pesar de tener nombres y apellidos, sigue intocada; el único encarcelado es Succar Kuri. La Fiscalía FEVIM tiene desde enero del 2007 listas las órdenes de aprehensión de mis torturadores, pero por órdenes superiores se han detenido.

Millones de mexicanas y mexicanos son aplastados o atizados por el sistema de justicia. Mi caso no es, de ninguna manera, único. Soy una entre millones. Sin embargo ha sido útil porque, con persistencia y un gran respaldo nacional e internacional, he podido mantenerme firme con dos de los bienes más preciados de la humanidad: la esperanza y la solidaridad. Mi querido colega Ricardo Rocha me dijo hace años que "un reportero sin suerte, no es buen reportero". Tuve la suerte de sobrevivir a la tortura, primero policíaca y luego institucional. Pude seguir mi caso como lo haría una reportera, compilando pruebas, datos duros, comparando versiones, siguiendo cientos de pequeños y grandes actos de corrupción. Pude, al lado de las y los periodistas, hacer una radiografía de la impunidad y corrupción. Logré hacerlo porque mi batalla no se nutre de rabia o rencor, sino de convicción de la necesidad de que quienes violentan la ley y los derechos humanos rindan cuentas a la sociedad. He trabajado con el corazón tibio y la cabeza fría, gracias a mis redes de apoyo.

Termino este libro desde la ciudad de Nueva York, unos días antes de recibir el premio al valor periodístico de la *International Women Media Foundation* (IWMF). A punto de dar un discurso de agradecimiento, reitero que cada reconocimiento que he recibido a lo largo de mi carrera periodística, y en particular en los dos últimos años, han significado no un alimento para el ego, sino un espacio para dar a conocer la verdadera situación del periodismo en México, y también, la de los derechos humanos violentados sistemáticamente desde el poder público. Mientras los medios norteamericanos y europeos me dan voz para desentrañar el tema, Marín me desaparece de los medios en mi propio país.

Mi querida amiga, la periodista Mariane Pearl, me insistió hace un año que escribiera este libro. Ella escribió el de su esposo Daniel Pearl asesinado en Pakistán cuando trabajaba para un periódico. "No esperes —me dijo con el realismo honesto que sólo se da entre periodistas—, sólo tú llevas en la memoria toda la historia, conjúrala antes de que los medios se olviden." En aquél entonces dije que no. Ahora comprendo a qué se refería.

A mediados del 2007 Ricardo Rocha me entrevistó junto con Antonio Crespo y Jorge Zepeda Patterson para explicar la situación del caso en la Suprema Corte. Unas semanas después Rocha, apenado, me aseguró que por primera vez en la historia de Reporte 13, la televisora, TV Azteca, había decidido no transmitir un programa. También en esa televisora, fui entrevistada en Shalalá, un programa de Katia D'Artigues y Sabina Berman que tampoco salió al aire. Poco después Fernanda Familiar me entrevistó para su nuevo programa en Radio Imagen. Luego de la entrevista, mientras yo salía del edificio, uno de los directivos la mandó llamar para amenazarla si se empecinaba en pasar al aire la entrevista. Como argumento, el sujeto le explicó que ya tenía "el verdadero expediente de Lydia Cacho". Ese documento, ya en los escritorios de directivos y dueños de casi todos los medios nacionales, fue elaborado por el equipo del gobernador Mario Marín, para resarcir el daño causado por su venta de justicia, y en él adjuntaban una copia simple del primer peritaje psicológico que me hizo la PGR —como víctima— y que fue descartado por la Fiscalía FEVIM por estar incompleto y mal elaborado. Extrayendo y descontextualizando citas, sumaron otros datos personales de mi vida privada, resultado de "investigaciones privadas" de agentes del gobierno poblano. Desde el poder político Marín, que legalmente no tendría porque tener acceso a los peritajes —porque es él a quien yo acuso ante PGR—, siguió una estrategia de aniquilamiento, que no físico, tejiendo finamente una red de poder con la finalidad de desacreditarme y aislarme. Fernanda, que sostiene el raiting más alto de la radiodifusora, se negó a negociar y sacó el programa al aire. Por último, uno de los periodistas más poderosos de TV Azteca, que además ha sido profundamente solidario y ha seguido el caso paso a paso en radio y televisión, Sergio Sarmiento, fue impedido hace apenas unas semanas de grabar *La Entrevista* conmigo. La estrategia fue, primero sutil, luego evidente. La producción me llamó para que estuviera en los estudios a las 11 de la mañana. Temprano ese día me llamaron para decirme que algo extraño había sucedido: no podrían usar el estudio porque alguien lo necesitaba para otro programa. Indignado, Sarmiento reclamó el hecho temiéndose algún tipo de censura, pero le aseguraron que no era ése el motivo. Una semana después, a raíz de la insistencia de Sergio para pedir foro y llevarme a grabar, una persona de su staff me confirmó que efectivamente era una orden de la dirección: Lydia Cacho nunca más en TV Azteca.

Meses antes exactamente el mismo procedimiento se dio con Televisa. Tanto Adela Micha —que me había entrevistado varias veces— como Carlos Loret de Mola pidieron a sus productores que me invitaran a sus noticieros. Un par de horas después me llamaron para decir que no podrían llevarme al estudio. Cada vez que Carlos Loret o Joaquín López Dóriga tocan mi caso en Televisa, lo hacen por convicción personal, y de manera breve. Sin embargo, en sus espacios de radio siguen puntualmente el tema y no parecen estar limitados, como también le ocurre en la radio a Sergio Sarmiento. Por último, aunque no en orden de temporalidad, Víctor Trujillo *Brozo*, fue objeto de un proceso administrativo de la Secretaría de Gobernación por trasmitir las llamadas entre Marín y Nacif en su noticiero. El argumento de Segob fue que están plagadas de obscenidades; pero el mensaje fue claro para la televisora: el caso Marín-Nacif debe desaparecer de la opinión pública.

Frente a mí, en las oficinas de la International Women Media Foundation donde escribo este capítulo final, tengo un póster de la periodista rusa Anna Stepanovna Politkovskaya, la mujer de mirada melancólica que con sonrisa tenue sostiene el reconocimiento que yo recibiré mañana. El encabezado dice "Ganadora del premio IWMF 2002. In Memoriam". Ana fue asesinada cuatro años después de obtener esta presea en Nueva York. Todos sus amigos le dijeron que con tantos premios jamás la tocarían. Las mafias rusas coludidas con el poder político ultimaron su vida. Pienso frente a esa imagen, con las lágrimas agolpadas en la garganta, que en realidad no me arrepiento de nada. Espero llegar a vieja y guardar esta fotografía de Anna como recordatorio de la realidad mundial. Pero si no fuera así, creo fervientemente que México puede transformarse, que algún día habrá una real democracia; creo en el papel del periodismo como linterna del mundo, como un derecho de la sociedad para saber y entender; creo que los derechos humanos no se negocian. Aunque se diluyan nuestras historias individuales, los pequeños avances no desparecerán. Mi caso no es el de una mujer, es el de un país. Y México es mucho más que un puñado de gobernantes corruptos, de empresarios ambiciosos y de criminales organizados.

Borrarme de los medios sí pueden, eliminarme físicamente también. Lo que no podrán es negar la existencia de esta historia, arrebatarme la voz y la palabra. Mientras viva seguiré escribiendo y con lo escrito, seguiré viviendo.

Anexos

Cronología endemoniada

1982-1985 (Succar Kuri)

Luego de conocer a Gloria Pita cuando ella tenía 14 años se casan. Ella sabe de "sus defectos, de que le gustan las niñas".

Sale de Acapulco luego de intentar abusar de una menor y recibir amenazas de los padres. Mantiene su departamento allí.

Conoce a Miguel Ángel Yunes. Abre negocios en el aeropuerto de la ciudad de México.

1986.

Llega a Cancún y compra tiendas en el centro comercial Nautilus. Hace tratos con Fonatur por medio de Alejandro Góngora Vera.

Compra propiedades en Villas Solymar y hace negocios gracias a sus amistades e influencias con su socio y amigo Kamel Nacif.

2000

Agosto. Emma es alumna de la escuela La Salle y cuenta a su maestra de moral, Margarita, de los abusos de que era objeto por parte de Succar Kuri. La madre de Emma llama a su hermano Ricardo Cetina y éste le prohíbe que denuncie a Succar.

2003

Marzo. Kamel Nacif le pide a Succar Kuri que le traiga a una niña de Florida y a otra de El Salvador "para fornicar" en un *menaje a trois*. Kamel pregunta cuánto le cuesta cada niña y Succar responde que 2000 dólares cada una y que se las llevará al hotel Solymar de Cancún. (Grabación telefónica exhibida por la periodista Carmen Aristegui. Nacif admite en 2007 al diario *Reforma* que las llamadas son auténticas.)

Octubre. Emma busca a su ex maestra Margarita y le pide que la ayude a denunciar a Succar Kuri. Emma conoce a la abogada Verónica Acacio, de la organización Protégeme, A.C., y acepta representarla gratuitamente a ella y otras niñas menores en la denuncia.

27 de octubre. La procuradora Celia Pérez Gordillo autoriza a la subprocuradora que se videograbe una plática entre Emma y Succar Kuri para obtener evidencias. Succar admite violar niñas hasta de 5 años.

Por esto! de Quintana Roo da una cobertura completa y puntual del caso. Le siguen todos los medios del estado.

29 de octubre. Abogados de Succar orquestan la fuga del pederasta, tras el aviso de que sería arrestado al día siguiente.

30 de octubre. Gloria Pita "La Ochi" llama a Emma y a su madre para amenazarlas si no retiran la denuncia contra su esposo Jean Succar. Se graban dos llamadas telefónicas en las que Gloria admite clara y expresamente tener conocimiento explícito de las actividades pedofílicas de su esposo.

2 de noviembre. Emma denuncia a Jean Succar Kuri ante la PGR (federal) por pornografía infantil y violación de ella a los 13 años y de su hermanita y prima de 8 y 9 años, así como de otras niñas de 6 años. Declara que Succar conecta niñas de Estados Unidos para intercambiarlas con Kamel Nacif Borge, Miguel Ángel Yunes Linares y Alejandro Góngora Vera.

Noviembre. Emma busca a Óscar Cadena y le pide que la entreviste en su programa de TV "Encadénate", pues teme por su vida por haber denunciado a su violador. Cadena transmite la entrevista en Televisión de Quintana Roo y por SKY.

4 de noviembre. Declara la menor Carmen ante PGR que desde los 6 años Succar Kuri la violaba y hacía videos con ella. La niña Laura declara que cuando iba en el kinder conoció a Succar Kuri en casa de su vecina y que comenzó a abusar de ella a los 5 años. Declaran otras tres menores que no conocían a Emma.

4 de noviembre. Emma busca a Lydia Cacho y le pide que la ayude como periodista a contar su historia porque está amenazada de muerte. Más tarde acepta ayuda de CIAM-Cancún para ella y otras víctimas.

7 de noviembre. El juzgado tercero libera orden de cateo en las Villas Solymar. Desaparecen 20 videos comprometedores filmados por Succar. Un año después, policías de Cancún los ofrecen a la venta en 40 000 dólares cada uno

11 de noviembre. Alejandro Góngora (director de Fonatur) declara no conocer a Emma.

Emma declara a la PGR que conoció a Alejandro Góngora y a su esposa Rocío en la villa Solymar: ella estaba en la habitación y Succar se las presentó como su hija "La Pecas". Explica cómo acompañó a Succar en varias ocasiones a Fonatur a hacer "negocios" con Góngora. Ella aporta datos que fueron ratificados por la autoridad.

12 de noviembre. La Interpol informó que inició una investigación contra Jean Thouma Hanna Succar Kuri por "lavado de dinero" en al menos ocho ciudades turísticas del país, donde también tiene residencias, tiendas de ropa, joyerías, restaurantes y otras propiedades.

13 de noviembre. La PGR hace peritaje psicológico a Emma y otras víctimas.

21 de noviembre. Promete el gobernador actuar en el caso Succar. "Yo me encargaré de que se aplique la ley con todo el rigor" declaró el gobernador Joaquín Hendricks en caso de que llegue a comprobarse la complicidad de funcionarios de la Subprocuraduría de Justicia del Estado en la huida del pederasta Jean Succar Kuri.

22 de noviembre. Kamel Nacif le llama al gobernador Hendriks para asegurarle que su amigo Succar Kuri es inocente.

Succar Kuri llama a Lydia Cacho y la amenaza de muerte por "meterse en su vida" al publicar en su columna un análisis del caso y hacer su programa de TV sobre los abusos de Succar.

24 de noviembre. El procurador general Rafael Macedo de la Concha anuncia que el *US Marshall* reportó haber localizado a Succar Kuri en su residencia de Downey, California. Anuncian que se solicitará su detención. (La PGR tarda dos meses en enviar documentación para su arresto.)

26 de noviembre. La PGR toma declaración de testigos estadounidenses habitantes de Villas Solymar. Aseguran haber preguntado si en México la pederastia como la que ejercía Succar con niñas no era delito. EJ y RC declaran haber sido testigos de cómo gente de Succar estuvo sacando cajas y documentos de la villa número 1 de Solymar. Llamaron a la policía, pero ésta les ignoró.

La PGR interroga a Kamel Nacif Borge, quien declara bajo juramento haber visto una sola vez a Succar Kuri en la inauguración del hotel Marriot de Cancún y no ser su amigo.

29 de noviembre. Víctor Manuel Echeverría Tun, juez tercero penal con sede en Cancún, giró una orden de aprehensión en contra de Succar Kuri por pornografía infantil, corrupción de menores y violación equiparada.

Yunes Linares niega rotundamente conocer a Succar Kuri.

Sandra Moreno, secretaria de Yunes Linares, admitió ante la PGR haber estado presente, con Yunes, en Solymar, pero negó que a su hija o a su sobrina las hubieran molestado.

La Dirección General de Extradiciones de la PGR solicitó la entrega del pederasta para juzgarlo en México.

Diciembre. La revista *Proceso* dio a conocer las investigaciones que la DEA y la AFI (Agencia Federal de Investigaciones, de la PGR) conducen sobre Miguel Ángel Yunes Linares y publica testimonios de narcotraficantes capturados que revelan que Yunes recibió 15 millones de dólares cuando fungía como secretario general de Gobierno de Veracruz. Eduardo Berdón, fiscal especial de la Unidad Especializada en Delincuencia Organizada, reporta que Patricio Chirinos y Miguel Ángel Yunes "fomentaron las actividades del narcotráfico y en concreto recibieron alrededor de 15 millones de dólares" de parte del capo Albino Quintero.

2004

Enero. Kamel Nacif logró adquirir por 44 millones de dólares el 100% de los activos de la compañía estadounidense Tarrant Apparel Group, con oficinas y maquiladoras en China, Tailandia, Corea, Nueva York y Los Ángeles.

Febrero. Kamel Nacif contrata al despacho Seltzer, Caplan, McMahon & Vitek, con sede en San Diego, California, que asignó a Charles L. Goldberg para que se hiciera cargo de su caso. Goldberg fue nombrado el "mejor abogado penalista" de San Diego en 2000, dejó el caso en 2005.

4 de febrero. Jean Succar Kuri es arrestado en Chandler, Arizona, a petición de la Interpol.

10 de marzo. Se ordena acción penal contra Succar Kuri por pornografía infantil, con el número 447/2003-IV.

6 de abril. La Secretaría de Hacienda y Crédito Público envió al Ministerio Público Federal 22 expedientes con información relativa al análisis de reportes de 144 operaciones bancarias "inusuales" que realizó la empresa Kanan Banana y que pudieran estar relacionadas con actividades de lavado de dinero.

Junio. El juez Armando Chiñas ordena se "congelen" cuentas a nombre de Jean Succar Kuri, propietario de Kanan Banana, por 20 millones de dólares.

Julio. El compañero de celda de Succar Kuri denuncia ante autoridades de la cárcel de Arizona que Succar Kuri contrató a Felipe de Jesús Argüelles Mandujano alias "El Rayo" para ultimar la vida de Emma, Lydia Cacho, Verónica Acacio y sus ex abogados Andrade.

2005

10 de enero. El presidente Vicente Fox nombra a Miguel Ángel Yunes Linares subsecretario de Seguridad Pública Federal. Yunes es ex diputado federal, ex integrante del Partido Revolucionario Institucional, hoy militante de Acción Nacional y mano derecha de Elba Esther Gordillo.

18 de enero. El subprocurador Miguel Ángel Pech Cen firma una tarjeta que entrega a la procuradora en la que refiere: "En la averiguación previa 7431/2003 cabe agregar que aquí sí hay señalamiento de Miguel Yunez (sic) como amante de una de las menores. Por instrucciones, esta averiguación ha estado 52" (clave utilizada en el argot judicial para referirse a expedientes congelados).

Marzo. SIEDO detiene al subdirector operativo de la Dirección de Seguridad Pública Municipal, Felipe de Jesús Argüelles Mandujano alias "El Rayo" por haber escoltado a los vehículos de sicarios del Cártel del Golfo en Cancún. Se le mantiene detenido por nexos narco-criminales.

19 de mayo. La periodista Lydia Cacho Ribeiro publica el libro *Los demonios del edén: el poder que protege a la pornografía infantil*, investigación basada en testimonios de las víctimas de una red de pederastia encabezada por el empresario estadounidense Jean Succar Kuri. El libro lo presentan Carlos Loret de Mola y Jorge Zepeda en la Casa de la Cultura Jaime Sabines.

22 de junio. El empresario Kamel Nacif Borge denuncia ante autoridades de Puebla a Cacho por difamación y calumnia; pide al gobernador de esa entidad, Mario Marín, ejerza su influencia para que la comunicadora sea detenida por la publicación del libro en el que relaciona al textilero con Succar Kuri.

11 de julio. El fiscal federal Reid Charles Pixler, a nombre del gobierno de México, presentó ante la Corte Federal de EUA una nueva serie de evidencias para sustentar el pedido de extradición de Succar. Entre ellos hay videos en los que Succar viola a niñas, arregla videocámaras para filmar su cama y monta una cama de masajes para filmar a niñas.

16 de diciembre. Lydia Cacho es detenida por la policía judicial poblana en Cancún, Quintana Roo, y trasladada bajo tortura vía terrestre a la ciudad de Puebla. La orden de aprehensión la libró la juez Rosa Celia Pérez González. Luego de casi 30 horas de arresto es puesta en libertad, después de pagar una fianza histórica de 70 000 pesos.

23 de diciembre. La juez Pérez González, luego de darle tres días hábiles para presentar pruebas, dicta auto de formal prisión contra Cacho Ribeiro por los delitos de difamación y calumnia.

23 de diciembre. Los abogados de Cacho renuncian por miedo a represalias del gobierno de Marín, que ya estaba amenazando y despidiendo a gente que apoyó a Cacho a su salida de prisión.

2006

Enero. En entrevista en TV Azteca, Kamel Nacif admite ser amigo de Succar y haberle arreglado los papeles de migración a su llegada a México hace 20 años. (Nacif lo negó ante las autoridades anteriormente.)

17 de enero. Lydia Cacho es absuelta del delito de calumnia en una apelación de sus abogados ante el Tribunal Superior de Justicia (TSJ) de Puebla por falta de elementos, pero continúa sujeta a proceso por difamación.

20 de enero. El TSJ poblano da la razón jurídica a la periodista y admite la incompetencia jurídica de la juez Pérez González y traslada el juicio a Cancún.

14 de febrero. La Jornada publica grabaciones telefónicas entre el empresario textilero Kamel Nacif Borge y el gobernador de Puebla, Mario Marín Torres, en las que queda clara la confabulación de servidores públicos de esa entidad y de Quintana Roo para la detención de Lydia Cacho.

27 de febrero. Casi 40 000 personas marchan por las calles de Puebla para pedir la remoción del gobernador Marín.

13 de marzo. La periodista denuncia ante la Procuraduría General de la República (PGR) al gobernador de Puebla, Mario Marín; al empresario Kamel Nacif; a la procuradora de esa entidad, Blanca Laura Villeda Martínez, y a la juez Rosa Celia Pérez González por los delitos de cohecho, tráfico de influencias, abuso de autoridad, tentativa de violación y falsedad de declaraciones.

4 de abril. El juez estadounidense David K. Duncan autoriza la extradición a México del presunto pederasta Jean Succar Kuri, denunciado por la periodista Lydia Cacho en su libro *Los demonios del edén*, por encabezar una banda internacional de pederastia.

18 de abril. El Congreso de la Unión solicita a la Suprema Corte de Justicia de la Nación (SCJN) que ejerza su facultad de atracción e investigue las presuntas violaciones a los derechos humanos de Lydia Cacho; el máximo tribunal admite la petición y determina crear una primera comisión investigadora. La finalidad es saber si hay elementos para hacer juicio político al gobernador Mario Marín.

24 de mayo. Primer careo de Kamel Nacif y Lydia Cacho en el juzgado de Cancún.

5 de julio. Es extraditado a México Jean Succar Kuri, quien es recluido en un penal de Cancún.

Agosto. Sergio López Camejo, titular de los penales de Quintana Roo, solicita a la PFP que se lleve a Succar a La Palma pues el reo fue considerado de alta peligrosidad, tras una investigación realizada por la SSP estatal que reveló que Succar Kuri se involucró con una peligrosa banda de extorsionadores que operan desde los penales tanto de Chetumal como de Cancún.

Agosto. Tres menores más denuncian a Succar Kuri ante la PGR en la Subprocuraduría de Delincuencia Organizada.

1 de agosto. El procurador Bello M. Rodríguez Carrillo declara que "durante la administración del gobernador Hendriks se supo del apoyo de sus servidores públicos a la fuga de Succar y no se actuó en consecuencia".

Jean Succar Kuri, "El Johnny", confirmó que Miguel Ángel Yunes Linares, subsecretario de Seguridad Pública federal, es su amigo y que lo conoce desde hace 15 años. En entrevista de Televisa con Carlos Loret de Mola desde la cárcel municipal de Cancún, Succar también admitió que Kamel Nacif financió su defensa jurídica con 300 000 dólares.

3 de agosto. Roban de la Comisión Nacional de los Derechos Humanos (CNDH) el expediente del caso Lydia Cacho, que se abrió meses antes a petición de la propia periodista. El organismo presenta una denuncia penal ante la Procuraduría General de Justicia del Distrito Federal (PGJDF) para que indague sobre el robo.

17 de agosto. Las autoridades trasladan a Succar Kuri al Cereso de Chetumal. Se filtra información de que Succar organiza con otros reos una fuga de la cárcel de Cancún.

Septiembre. Succar Kuri admite en el noticiero de Loret de Mola que conoció a Yunes Linares cuando el segundo era director comercial del Aeropuerto de México y que Yunes fue a comer a Solymar en Cancún "con su esposa".

9 de septiembre. Por siete votos en favor y tres en contra, la Suprema Corte determina ampliar la indagatoria sobre la violación de derechos sufrida por la periodista, a fin de que se investigue al llamado góber precioso. Se crea una segunda comisión especial.

28 de septiembre. La PGR atrae el caso del robo del expediente de la CNDH sobre el caso Lydia Cacho. Como resultado de la indagatoria son detenidas cuatro personas.

29 de septiembre. Se realiza ante un juez con sede en Cancún el segundo careo entre la periodista y el empresario Kamel Nacif.

25 de octubre. Los reos Armando Bocanegra Priego y Juan Ramón González confiesan que fueron contratados por "El Johnny" Succar en el penal de Chetumal para ultimar la vida de las testigos, entre ellas la de Lydia Cacho. Succar les entregó un dibujo del domicilio de Cacho.

16 de noviembre. Trasladan a Succar Kuri al penal de alta seguridad del Altiplano en Toluca.

9 de diciembre. Fuga de casi 100 reos de la cárcel municipal de Cancún. Tres resultan muertos en la trifulca. Autoridades confirman información de que Succar estuvo involucrado en la planeación de esa fuga en la que creyó podría escapar.

17 de diciembre. Emma interpone una demanda civil contra Lydia Cacho en un juzgado del DF por haber publicado "su historia" en *Los demonios del edén.* La misma Emma escribió a Lydia Cacho que había sido forzada a firmar un convenio en inglés con los abogados de Kamel Nacif a cambio de dinero.

2007

2 de enero. Nacif Borge pierde en definitiva la batalla jurídica que inició un año antes contra Cacho Ribeiro, a la que acusó de difamación. El juez cuarto penal Lorenzo Medina Garzón, del Distrito Federal, determina desechar el juicio abierto en diciembre de 2005 por la juez de Puebla, Rosa Celia Pérez González, y otorga auto de formal libertad a la autora.

10 de marzo. La segunda comisión investigadora de la corte inicia sus indagatorias en Quintana Roo y Puebla. Se interroga a funcionarios involucrados, a las víctimas de Jean Succar Kuri, a Lydia Cacho y a diversos comunicadores.

23 de marzo. Lydia Cacho recibe el premio de Amnistía Ginnetta Segan por su trabajo en la defensa de los derechos humanos.

3 de mayo. En una diligencia judicial de casi 13 horas de duración, la periodista amplía su declaración en contra del presunto pederasta Jean Succar Kuri, quien frente a la comunicadora admite haber tenido relaciones sexuales con al menos una menor de edad. Al terminar el careo, Succar la amenaza de muerte.

8 de mayo. Lydia Cacho denuncia un atentado. Luego de que la PGR le asignó una camioneta con chofer como parte de las medidas cautelares para protegerla, Cacho abordó la unidad en el aeropuerto de la ciudad de México. Luego de cinco minutos de trayecto, el vehículo fue detenido por el conductor, debido a que notó un percance en una de las llantas. La escolta descubre que fue manipulado el vehículo para causar un accidente. Tres meses más tarde, la Fiscalía no ha investigado el vehículo ni tomado declaración; sin embargo, envía un citatorio a Cacho para hacerle un peritaje psicológico con el fin de comenzar a investigar el atentado.

24 de mayo. El gobernador Mario Marín comparece ante el ministro Juan N. Silva Meza y le entrega un escrito con su versión de los hechos. El escrito está plagado de imprecisiones y de argumentos políticos en defensa del gobernador.

6 de junio. El ministro Silva Meza reparte a sus colegas del máximo tribunal una copia del informe de la comisión especial que investiga el caso de Lydia Cacho, para que lo analicen antes de la sesión pública en que habrá de discutirse el tema.

17 de junio. El secretario de la Comisión de Radio, Televisión y Cinematografía de la Cámara de Diputados, José Antonio Díaz García, pidió al Sistema de Información de Comunicación del Estado (Sicom) que transmita la sesión de la Suprema Corte de Justicia de la Nación (SCJN) sobre el caso de la periodista.

21 de junio. Un grupo de intelectuales, artistas, directores de cine y organismos publica un desplegado en diversos diarios titulado "Había una vez un pederasta...". Lo firman Alfonso Cuarón, Luis Mandoki, González Iñárritu, Guillermo del Toro, Salma Hayek, Noam Chomsky y más de 3 000 personas.

26 de junio. La comisión investigadora de la Suprema Corte: las conclusiones de Silva Meza establecen que Marín, Guillermo Pacheco Pulido, Blanca Laura Villeda y la jueza Rosa Celia Pérez González confabularon para beneficiar al empresario Kamel Nacif, aprehendiendo y torturando a Lydia Cacho, quien en su obra periodística revela una red política y económica que protege la pornografía infantil y la pederastia, así como al pedófilo confeso Jean Succar Kuri.

Informe de la SCJN : "La titular de la Fiscalía Especializada para la Detección de los Delitos Sexuales de la Procuraduría General de Justicia del Estado de Quintana Roo, Cancún, reportó la cantidad de 1 595 averiguaciones previas iniciadas respecto de delitos sexuales cometidos en agravios de menores (2006). Las actuaciones destacadas revelan que la garantía individual contenida en el artículo 4° constitucional, relativo al derecho de los niños a obtener la satisfacción de todas sus necesidades para lograr su desarrollo integral en los estados de Puebla y Quintana Roo, se encuentra en absoluto abandono y desatención".

Agosto. Cierran instrucción del Caso Succar en el juzgado federal y esperan darle sentencia de por lo menos 16 años de prisión por pornografía infantil y 20 años en el fuero común por violación y corrupción de menores. (Las penas no son acumulables.)

Agosto. Wenceslao Cisneros, abogado de Succar Kuri, renuncia públicamente a su defensa luego de ver uno de los videos pornográficos que demuestran cómo viola a niñas pequeñas. Admite que su cliente es pedófilo y que una niña de El Salvador que explotaba para turismo sexual está muerta, según Succar Kuri.

Agosto. La fiscal federal especial para delitos cometidos contra mujeres, Alicia Elena Pérez Duarte, admite que Succar Kuri es parte de una red internacional de trata de niñas y adolescentes. A pesar de ello, ninguno de los cómplices es investigado.

Agosto. Kamel Nacif está abriendo nuevos negocios en Costa Rica y Cuba. Su fábrica de productos para niñas y niños de Disney, Skytex de Mexico, S.A. de C.V., es todo un éxito comercial.

Agosto. El Congreso de la Unión tiene en sus manos la respuesta de la Suprema Corte para hacerle juicio político a Mario Marín. Los principales líderes del PRI han declarado que protegerán a Marín a costa de lo que sea.

Abogados de Succar Kuri que han intentado defenderlo y renunciaron:

2003: Sidharta Bermúdez, Edmar y Gabino Andrade.

2004: Joaquín Espinosa (coordinó una balacera orquestada por Succar contra los Andrade el 23 de marzo).

2004: Charles L. Goldberg (EU) es contratado por Kamel Nacif y renuncia luego de presiones para que intente comprar jueces y testigos.

2005: Patrick Hall y un cubano cuyo nombre se desconoce (aparece en grabaciones con Kamel Nacif).

2005: Elías Abdalá Delgado y Ena Rosa Valencia Rosado (para defender a Succar contactó a Emma con Carlos Loret de Mola con el fin de que la entrevistara).

2006: Efraín Trujeque Arcila y Armando René Ancona Araujo (fue Ministerio Público con acceso a denuncia de menores contra Succar y luego su defensor).

2006: José Wenceslao Cisneros Amaya y Hernán Cisneros Montes (renunciaron en 2007 luego de aleccionar a algunas niñas amenazadas y a quienes JSK compró su retractación parcial en dólares).

2007: Doctor Alfredo Delgadillo Aguirre (presidente del Consejo Académico del Instituto Nacional en Derecho Penal A.C., INDEPAC. Sigue hasta la publicación de este libro).

Conversaciones telefónicas

A partir del 14 de febrero del 2006, como narré anteriormente, mi caso dio un vuelco al darse a conocer las llamadas telefónicas entre Kamel Nacif y el gobernador Mario Marín, así como con otros personajes públicos, entre ellos tres gobernadores y el líder de los diputados del PRI, Emilio Gamboa. Marín negó que la voz fuera suya, luego se arrepintió y dijo que sí era suya, pero que estaba manipulada. Nacif por su parte declaró ante el diario *Reforma* que él le había pedido al gobernador que me detuviera y éste le ayudó. El gobernador desesperado, utilizó recursos públicos para pagar a unos expertos en Estados Unidos con la finalidad de hacer un análisis de las llamadas y sacar un "peritaje" que intentaba demostrara que eran falsas. Pero el 19 de septiembre del 2006 Kamel Nacif dio, involuntariamente, la última estocada a su amigo a quien llama cariñosamente "Papá, precioso, mi héroe". Publicó un desplegado explicando que las llamadas las grabó su esposa (ahora ex esposa) por cuitas matrimoniales.

Hasta hoy había decidido tramitar la denuncia que promoví en contra de la señora Cacho bajo las más estrictas reservas de ley,

> litigando precisamente ante las instancias idóneas como lo son los tribunales y no los medios, pero los hechos acontecidos hace unos días en los que se divulgan grabaciones obtenidas ilícitamente de mis líneas telefónicas hacen necesaria esta carta abierta ante la opinión pública.
>
> Nunca imaginé que lo expresado de manera privada fuera a hacerse público, fundamentalmente por el entorno en que se difundieron mis palabras. Moralmente no hay otra responsable que mi persona, soy yo quien habló en esas conversaciones y las expresiones ofensivas son mías, insisto, en diálogos que eran de carácter privado.

En ellas Nacif planea una compra hostil con Succar Kuri y le pide que le traiga unas niñas de Florida y de El Salvador "para fornicar" en Cancún. En fechas posteriores, Nacif planea y celebra mi arresto y una violación y golpiza en la cárcel poblana. Todas las transcripciones que leerá a continuación son extraídas directamente de los audios que nos proporcionaron *La Jornada* y Carmen Aristegui. El lenguaje es burdo, en ocasiones crudo y soez, en aras de respetar la autenticidad se dejaron las palabras mal pronunciadas y frases inconexas.[1]

[1] Para escuchar esta y todas las llamadas originales puede acceder a: los sitios web de *La Jornada*, *El Universal*, o a www.unafuente.com

El "góber precioso"

Son vísperas de la Navidad de 2005, 23 de diciembre. La juez poblana Rosa Cecilia Pérez me había dictado, apenas unas horas antes, auto de formal prisión. Después de ser enlazados por una secretaria quien menciona ambos nombres se escucha:

Gobernador Mario Marín (GMM): Quihúbole, Kamel.

KN: Mi góber precioso.

GMM: Mi héroe, chingao.

KN: No, tú eres el héroe de esta película, papá.

GMM: Pues ya ayer le acabé de darle un pinche coscorrón a esta vieja cabrona. Le dije que aquí en Puebla se respeta la ley y no hay impunidad y quien comete un delito se llama delincuente. Y que no se quiera hacer la víctima y no quiera estar aprovechando para hacerse publicidad. Ya le mandé un mensaje a ver cómo nos contesta. Pero es que nos ha estado jode y jode, así que se lleve su coscorrón y que aprendan otros y otras.

KN: Ya sé, y es que estos cabrones siguen sacando mamadas y mamadas. Pero yo hice una declaración. Fui a la televisión.

GMM: Ah, qué bueno. ¿Allá en México o acá en Puebla?

KN: Aquí, pero dijeron que la iban a mandar allá. Salió aquí. Y yo en el *Milenio* le dije, si lo quieres leer, le dije, pus al señor GOBERNADOR no le tembló la mano.

GMM: Ni nos tiembla ni nos temblará.

KN: Pinche bola de ratas. ¿Qué han hecho? Qué asquerosidad es esto, ¿eh?

GMM: ¡No! se sienten Dios en el poder.

KN: Así es. Yo te hablé para darte las gracias. Sé que te metí en un problema pero…

GMM: No hombre, a mí me gustan esos temas. Coincido contigo en que, jijos de la chingada, en esos temas… digo… no somos santos, desde luego, pero si alguien tiene pruebas que las presente. Y si no que se calle la boca.

KN: Oye, pero en algo tan vergonzoso, mi distinguido. Porque es vergonzoso.

GMM: Así es.

KN: Y yo para darte las gracias te tengo aquí una botella bellísima de un coñac que no sé adónde te la mando.

GMM: Pues a Casa Puebla.

KN: Yo te la quería dar personalmente, pero estás todo ocupado.

GMM: Mándamela a Casa Aguayo, para echármela.

KN: ¿Te la vas a echar? Pues entonces te voy a mandar dos, no una.

Llamada entre Kamel Nacif y "Juanito" Nakad el día del secuestro legal de Lydia Cacho

JN: ¿Qué pasó, patrón?

KN: ¿Qué pasó, Juanito?

JN: Oye, estoy aquí en la Procu. No pude ver a Alfonso Karam (jefe de policía) porque está en una rueda de prensa (...) Hablé con la juez. La juez ya está en el juzgado.

KN: ¿Y qué dice?

JN: Me dice: 'Juanito, no te me presentas aquí hoy'. Le digo ¿y por qué? Me dice: 'Luego, después te digo'. Parece que le hablaron desde ayer. 'No te quiero ver por acá, no te preocupes, estás en buenas manos.'

KN: ¿Y qué? ¿Le va a dar fianza?

JN: No creo. No creo. Ora sí, me dijo que le hablamos al rato. No sé qué orden recibe desde arriba. La otra vez igual... ta' bien, oye, orita te hablo, alcanzo a Alfonso Karam, te hablo en dos minutos, cinco minutos. (Cuelga).

Llamada posterior (1)

Juanito le marca desde su celular a Kamel veinte minutos después, mientras monitorea la actuación de la policía desde las oficinas de la procuradora.

JN: Oye, ya está aquí esta mujer. Ya se fue a la chingada.

KN: ¿Qué, había tanto pedo o puro cuento?

JN: No tanto, pero... no. Su marido ni madre. Y vino Televisa y toda la cosa y la bajaron donde estaba detenida. Porque por orden del

GOBERNADOR, le dije: Aunque sea cinco minutos, encerrada en una celda. Y la iban a meter ahí, y la bajaron, le tomaron fotos, no sé qué madre. Y ya se fue. Delante de mí habló con López Zavala (se refiere al director de la Judicial) para decirle que le dice al GOBERNADOR que ya esta mujer (Lydia) anda en camino al Cereso, que en cinco minutos llega al Cereso. (Queda claro que en la procuraduría de justicia de Puebla Juanito da órdenes de parte del GOBERNADOR, puesto que efectivamente me metieron en una celda luego de la fotografía y huellas digitales)

KN: Mmmm.

JN: Y ya iba yo a ir, pero me dijo la juez que no, que ya luego ella me platica (...) Bueno, ya la trajeron, ya la chantajearon (a Lydia Cacho). Dicen que está deshecha. Porque dice que la trajeron en una carcacha. Le dije, es a propósito, que le mandaron en un coche viejo. Que en 24 horas que estuvo con ellos le dan de comer una vez. Vamos a ver qué pasa.

LLAMADA POSTERIOR (2)

En esta conversación Juanito Nakad y Kamel Nacif charlan sobre la conveniencia de corromper a las autoridades para que la persona arrestada no se entere nunca. Se regodean en el tráfico de influencias.

JN: ¿No te acuerdas cuando estábamos haciendo la demanda? Dijo que necesita notificarla. Y dijo Ministerio Público no, si notificamos va a amparar y nunca va a dar a la cárcel. ¿Te acuerdas o no?

KN: Pues claro.

JN: Ahí sí dijo: Juan sí sabe. Tu abogado quería que notificáramos. Yo dije que no. Hay que darle madrazos. Si uno notifica nunca va a dar a la cárcel (...) Ella nunca se enteró, nunca se enteró que hay una demanda contra de ella y una orden de aprehensión. Si no nunca llega hasta acá. Eso es el éxito, así se hacen las cosas.

KN: Chingar a su madre. ¿Qué dijo el locutor?

JN: Dice que viene escoltada por el AFI porque recibió amenaza de muerte. Todo el camino va a venir. Viene escoltada como artista (risas). Viene con tu gente y aparte viene con otra gente para que no le hacen nada en el camino tu gente, que no la vayan a *descontar* en el camino. Eso es normal aquí. Si estás despierto, ves a las 10 y media a tu amigo López Dóriga, seguramente lo va a sacar.(aunque Nakad insiste en que mi escolta de la AFI va detrás de mí, lo cierto es que el líder de mi escolta Óscar Cienfuegos llamó a su jefe por teléfono mientras yo estaba detenida y le dieron la orden de dejarme ir con los judiciales. Los AFIS declararon ante la PGR que nunca evitaron el arresto no fueron detrás de mi. El otro vehículo con hombres armados era de Kamel).

KN: No, no creo.

JN: Te apuesto lo que quieras que va a salir en televisión. Más si estás diciendo que hablaron varios periodistas de todo México al Gobernador para pedirle si es cierto la noticia o no. La noticia ya agarró nivel nacional, papá.

KN: Que agarre nivel nacional.

JN: Ya qué chingaos, ya estamos en la pachanga. (Risas).

KN: (Risas). Ya estamos en la pachanga.

LLAMADA DEL MIÉRCOLES 21

La víspera de la audiencia para determinar si se me dictaba o no auto de formal prisión, Nacif manifestaba su nerviosismo en una conversación con Nakad.

KN: ¿Qué la juez se va a culear y darle p'atrás?

JN: No, mira, yo estuve con la juez hoy (...) Me dijo Adolfo Meneses que no cree que se raja la juez, porque es contra su decisión. Yo lo único que le dije a Valentín: No se meta en la vida de la juez, a la juez le vale madre, la juez va a ser sobre derecho. Pero si le ordenan desde el tribunal, porque le culean ellos, entonces no puede decir no, ¿me entiendes? (Valentín Meneses era vocero del Gobernador Marín)

KN: ¿Sabes por qué no puede retractarse? Porque quedan como pendejos.

JN: Así es. Otra cosa que ella me dijo (es) que el día sábado estuvieron hablando, le hablaron 30 veces, échale fuera, pa'fuera como sea. Ella le puso 104 mil pesos. No, qué, 140 mil. Lo que ajusten, 5, 10, 14. Ella dijo: 'No se puede menos'. La única cosa, que le bajó 30. Y le bajó 30 y pagó 70 en efectivo. Cuando la fui a ver el lunes me dijo 'Juan, tengo aquí el dinero que sacaron la bola de pendejos que fueron a defenderla. Que vaciaron las cajas y sacaron todo y pusieron 70 mil en efectivo'. Y me dijo, 'Juan, para mí es auto de formal prisión'. (Según la investigación de la Suprema Corte de Justicia la máxima fianza que se había puesto en ese juzgado por delitos similares en al historia del Juzgado 5to penal fue de 12 mil pesos)

KN: ¡Claro!

JN: Pero yo sé cómo es su vida. Se meten mucho con ella. Pobre mujer, tenía que estar de vacaciones (...)

KN: Dile que yo la mando de vacaciones.

JN: Por eso te digo. Se queda trabajando toda la semana, porque el sábado también va a trabajar. Ella es hermano de nosotros mil veces.

KN: ¿Adónde va ir de vacaciones? Dile que yo la mando. Dile que adonde quiera.

JN: Yo le digo.

KN: Dile a la Juez que la mando a Las Vegas todo pagado.

Más adelante, exclama Nacif:

KN: Oye, qué feo me veo en la televisión ¿eh? Qué feo me veo.

JN: (Risas). ¿Ya te viste?

KN: Puta, viejo, pelón, hijo de puta.

JN: Ta bien. Aquí está bien la cosa... es adecuado porque se ve que la pinche vieja te hizo daño, hija de puta. (Más risas).

EMMA, UNA DE LAS VÍCTIMAS, ENTREVISTA A "JOHNNY"

La procuradora de Quintana Roo Celia Pérez Gordillo, ordenó en octubre del 2003 que se grabara a Jean Succar Kuri para obtener más pruebas sobre la violación a menores. Jamás imaginó que Succar fuera tan prolijo en sus explicaciones. Ésta es la trascripción del video en que una de sus víctimas, a quien llamaremos Emma, lo entrevistó con cámara escondida asistida por agentes de la Procuraduría de Justicia. La trascripción es literal.

J: ...Con una niña de quince años ya no lo hago; ¿sabes por qué ya no lo hago? Porque solamente lo hago cuando estoy aislado; por ejemplo, a Marína, cuando estaba en mi casa y se esfumó y le dije: "Háblame"...

E: ¿Quién es Marína?

J: La que conocí en tu escuela, antes de conocerte a ti.

E: Ahhh... Marína.

J: ¿Cómo se llamaba?

E: Leticia Marína.

J: Pero tiene otro nombre, a mí me dijo otro nombre. Le dije: "¿Dónde estás?" ya a los dos días, sí fuimos y nos vimos simplemente en la recámara, gritaba mucho.

E: Pero yo cuando fui, fui con Sandra. Bueno, al principio...

J: Sí, pero venían las dos. Sandra venía sola en ese tiempo. Cuando yo te conocí me acababa de acostar con Sandra y fue cuando ella sangró, le salió un chingo de sangre y ella me dijo: "Mi mamá me va a cagar".

E: ¿Por qué? ¿Era señorita?

J: Mira, eso yo no lo puedo decir.

E: ¿Cuántos años tenía?

J: Dieciséis o diecisiete años. Todas sangran conmigo, mi esposa sangró, varias gatas que me he cogido sangran; es más, no sangran por señoritas, sangran porque están muy angostas. Yo no sabía nada de ésta.

E: ¿La conociste desde los quince años?

J: No, ya te dije, una vez me acerqué a tu amiga porque ella me estaba buscando, por lo que me acerqué al papá de la niña y no hubo problema.

E: Pero cuando te la llevaste la tocaste.

J: Eso es otra cosa, mientras que no tengas relación, que no se consuma el acto, no pasa nada. Pero de ti hay un pasado que no me gusta… (Usa un tono burlón).

E: ¿Por qué no te gusta mi pasado?

J: Olvídalo, no importa. (Juguetea con el popote en el vaso de jugo).

E: Sí importa, porque esos tres años que estuve contigo, dime con quién me metí de niña, con nadie, yo te lo estoy diciendo, con nadie.

J: Tú lo que quieres es borrarlo.

E: Yo quiero borrar…

J: Yo todos tus actos cuando estabas ahí con ellas, yo sacaba las botellas…

E: Yo no sabía, tú me pedías y prendías tu camarita para que yo me acostara con ellas…

J: Ya estuvo. Si te gustaba o te gusta es tu problema, yo no te estoy diciendo si lo haces o no lo haces, es que es tu vida privada.

E: Es que entiende una cosa, tú agarras a una niña de trece años que no tiene conocimiento de nada y le empiezas a enseñar que así es el mundo, que así se vive, que todo esto es normal, mayormente aprende que todo esto es normal.

J: Tú no te acuerdas de muchas cosas, pero yo me acuerdo cuando estábamos en la alberca te dije: "M'ija, ya me dijeron que tú eres lesbiana" y te dije: "Ya me lo dijo Lesly, ya me lo dijo hasta Nadia…

E: No es cierto.

J: Pero no trates de justificar, pues hay cosas que no te acuerdas, pero lo más coherente de ti, lo más chingón, chingón, es que no te acuerdas de todo lo que te di.

E: Sí, sí me acuerdo...

J: Sí, pero cuando no te conviene no te acuerdas.

E: Me acuerdo de muchísimas cosas. ¿Qué es lo que no me puede convenir según tú? A ver...

J: Mira, es como te digo, yo no sabía que eras lesbiana, hasta que vi que estabas agarrando a Nadia.

E: Nada de eso...

J: Y ahora tú sales con que yo te enseñé, que yo te obligué.

E: Tú me enseñaste a hacer eso, tú me enseñaste que si necesitas medicinas, te la tenía que dar tu medicina (el sexo) ¿por qué? porque te dolía...

J: Sí, te dije que yo era mujeriego y me gustaban las niñas, y si tú me quieres me tienes que traer niñas, pero yo no te dije: "Chúpalas"...

E: Tú me decías...

J: ¡Chingada madre! Yo no te decía... mira, vamos a hacer un trato.

E: Va.

J: Mira, va a ser algo muy fácil, lo ponemos con testigos, unas gentes, te lo juro por mis hijos. Te traigo una muchacha y vamos a ver si la vas a chupar, y si no, te quedas conmigo un rato.

E: Pero, ¿para qué?

J: Para ver si eres o no lesbiana.

E: Pero, ¿para qué?

J: Porque si no eres lesbiana, no hay forma de que la chupes, no hay forma, no hay forma, por ningún dinero del mundo. Tú no puedes... hay cosas... escucha, tú puedes hacerlo por obligación, necesidad, pero la otra pareja ¿qué culpa tiene?, ¿qué necesidad, qué obligación?

E: Todas las niñas que estaban ahí... eran igual. (Según declaraciones las forzaba a tener cunilingus entre ellas mientras él videogrababa).

J: ¿Quiénes?

E: Pilar, Pocahontas, este... Citlalli.

J: No, esto tuyo no es cosa de principios, es cosa de sentido.

E: ¡Tú me decías que ésta era la única forma en que las niñitas no iban a hablar, porque estaban comprometidas, acuérdate de tus palabras!

J: Está bien (intenta tranquilizarla, se ve nervioso, mira a los lados), yo te quiero mucho y todavía descubrí que te sigo queriendo... Este, mejor cambiamos de tema. Hablamos mejor de otra cosa.

E: ¿De qué?

J: Estoy preocupado por esta otra niña que está en la casa, pues está diciendo que va a hablar.

E: ¿Por qué te preocupa?

J: Porque es una niña y el día de mañana su pinche madre se da cuenta que está cogida y lo primero que va a pensar es en mí.

E: Pero si se va a su casa...

J: Es lo que te digo, pero si la niña confiesa que no fui yo, yo ya estoy tranquilo.

E: ¿Pero ya se quiere ir a su casa?

J: Yo no voy a cargar con una culpa que no es mía.

E: Sí, yo sé, pero es que...

J: Lesly fue a mi casa desde los ocho hasta los doce años, Lesly se bañaba conmigo, estuvo conmigo mucho tiempo, dormía semanas enteras conmigo y jamás le hice nada.

E: Pero la besabas y la tocabas.

J: ¡Te estoy diciendo que eso está permitido! porque ése es el riesgo de ir a casa de un pinche viejo que está solo, es parte del riesgo; los papás nada más decían: "Me cuida a mi hija, me cuida a mi hija". Eso está permitido. Por ejemplo, yo le digo a Lesly: "A mí tráeme una de cuatro años" y si ella me dice: "Ya está cogida" y yo veo si ya está cogida, veo si le meto la verga o no. Tú lo sabes que esto es mi vicio, es mi pendejada y sé que es un delito y está prohibido, pero esto es más fácil, pues una niña chiquita no tiene defensa, pues la convences rápido y te la coges. Esto lo he hecho toda mi vida, a veces ellas me ponen trampas, porque se quieren quedar conmigo, porque tengo fama de ser un buen padre...

Kamel Nacif y Jean Succar Kuri, llamada del año 2000

Cuando ya parecía que nada podría sorprendernos, unas grabaciones que muestran claramente el tráfico de mujeres explotadas sexualmente y el turismo sexual en Cancún salieron a la luz pública en el noticiero de Carmen Aristegui. Esta llamada telefónica, supone la policía federal, debió llevarse a cabo en el año 2000, por las negociaciones que estaba haciendo Succar Kuri para despojar a los ciudadanos norteamericanos de sus propiedades en Cancún en una maniobra hostil. Esta es la trascripción literal de la llamada telefónica, que más tarde Kamel Nacif admitiría fue grabada secretamente por su esposa —que hace 5 años huyó de su hogar por que él intentó asesinarla en una escena de violencia doméstica, según consta en su demanda de divorcio—. Una parte de la conversación se da en español y la otra, en árabe; la segunda fue traducida para W Radio por el doctor Alfredo Jalife Rahme especialista en Asuntos Internacionales y libanés de nacimiento, quien domina varios idiomas entre ellos el libanés.

KN: Bueno.

JSK: ¿Si?

KN: ¿Quién habla?

JSK: ¡Hola, mi querido Kamel!

KN: ¿Que pasó Jean Succar?

JSK: ¿Dónde andas, ya estás en Acapulco?

KN: Ya estoy en Puebla.

JSK: Ahhh, pues fue visita de doctor, llegaste y te regresaste.

KN: Nomás para hablarle… no estaba tu amigo… eh.

JSK: Te marco. ¿Estás en una casa o en la fábrica?

KN: Estoy en mi casa.

JSK: Te marco.

KN: O te marco yo ¿adonde estás?

JSK: 9230333.

KN: ¡Perate, cabrón!

JSK: Jajaja.

KN: Si no soy tan genio como tú...

JSK: La misma área.

KN: 562923.

KN: Nueve qué.

JSK: 92303, bye.

(operadora en inglés)

JSK: Heloou.

KN: ¿Qué pasó?

JSK: Helou ¿cómo estás?

KN: ¿Qué hay contigo?

JSK: Nada...visita de doctor nomás llegaste y como no está tu amigo no quisiste quedarte.

KN: Me pusiste higo, me pusiste queso, me pusiste la chingada.

JSK: Quiero hacerte feliz, hago lo imposible por hacerte feliz.

KN: No, desgraciadamente no comí nada.

JSK: Jajaja peor vas a regresar la semana que viene, ¿no?

KN: Le dije a Mari que lo guardara, que cuidado y se lo vayan a chingar.

JSK: ¿Sabes qué? Te tengo un frasco especial que te lo vas a llevar contigo, cuando vengas me recuerdas. Lo traje el viaje pasado, está allí en el refrigerador pero se me pasó.

KN: ¿Y que más hay contigo?

JSK: Nada ya empacando para irme de nuevo.

KN: ¿A qué horas te vas a ir?

JSK: Sale, de aquí sale como a las 12. Llego como a las 7 de la tarde.

KN: Mm.

JSK: Me quedo hasta el 7, 8 de mayo el 4 de mayo es la maldita junta de condóminos.

KN: ¿De qué papá?

JSK: Pues están ardidos porque me quedé con el hotel, me quieren hacer grilla... me van a pelar la verga.

KN: Ta bien mano, que te hagan grilla.

JSK: Jejeje.

KN: ¿Qué quieren?

JSK: La envidia los está matando, yo ya tengo 30% del edificio...

KN: ¿Cómo?

JSK: Son unos viejitos ya sabes...retirados, envidiosos, tienen miedo que los vaya a correr, que les vaya a subir el mantenimiento, me estoy quedando con el edificio, les da envidia. Tengo que torearlos estoy tratando de ser muy amable con ellos. Ya cuando tenga el 51 ya me la pelaron.

KN: Entonces... pus la junta de condóminos... ¿y qué va a pasar el 4?

JSK: Nada, quieren correr al administrador y yo lo estoy apoyando. Vale madre el administrador, pero si lo corren tienen ya ganada una batalla. (Inaudible).

KN: No te pelees ¿y cuando podemos tener el 51% ?

JSK: Faltan como dos millones de dólares.

KN: ¿Dos millones?

JSK: Jajaja.

KN: ¿Pa comprarles todo?

JSK: No, pa comprarles... pa llegar a tener el 51.

KN: Mhm ¿y vale la pena?

JSK: Sí, ese terreno vale fácil 20 millones de dólares.

KN: ¿Qué?

JSK: El terreno vale fácil 20 millones de dólares.

KN: ¿Cuál terreno? Si no es tuyo cabrón.

JSK: No, pero va a serlo, una vez que tenga el 51% ya controlamos todo.

KN: No, no, no papá.

JSK: Claro, ya puedes hacer lo que quieras, ya tienes la mayoría de votos.

KN: Pero ¿qué vas a hacer? Que, que, que. ¿Cuánto vale comprarle a todos?

JSK: Otros tres.

KN: ¿Cinco millones de dólares vale comprar?

JSK: Cuando mucho.

KN: Pus te lo doy chinga su madre, cómprales a todos y ya mándalos a chingar a su madre, ¿quieres?

JSK: Cuando vengas hablamos. Si es en serio sí hablamos.

KN: ¿Serio, serio? Yo, yo no, pus yo claro que serio cabrón.

JSK: Tú me quieres, lo que yo quiero me das, pero quiero que lo veas positivamente.

KN: Pus, positivamente. ¿Cuántos cuartos son?

JSK: En total son como 250 cuartos.

KN: Ok sí vamos a meter 5 millones de dólares. ¿Y cuánto nos va a costar remodelar todo? Pero bien, no esas chingaderas que haces, pinches cosas feas que haces.

JSK: Un, otro millón.

KN: ¿Seguro? ¿Nada más?

JSK: Necesitas un millón para hacer lo que es sala de conferencia y gimnasio y todo eso, ya tengo el proyecto.

KN: Por eso, ¿remodelar todo?

JSK: Otro millón.

KN: Tons son 7 millones ¿Cuántos tienes tú? ¿Cuántos cuartos hay?

JSK: Doscientos cincuenta, yo tengo 50.

KN: Por eso, 200 cuartos por 7 millones estamos pagando, remodelando y todo 35 mil dólares cuarto, ¡hazlo ya! ¡ya!

JSK: Hay problema, que no todo mundo quiere vender…

KN: ¡Ohhh!

JSK: Hay que hacerle al gángster, tienes que estudiarle, es que es lo que te digo… una vez que tienes el 51% …

KN: ¿Esa gente cuanto pagó?

JSK: ¿Aquí? En promedio 35 o 40.

KN: Es lo que pagaron ellos, les estás dando su dinero y ¡que se vayan a chingar a su madre ya!

JSK: Jajaja. Es que tiene que ser el paso, te digo… ahorita la mitad de Solymar está a la venta, porque tienen miedo, y si se enteran que yo compré, yo ya tengo 51% al día siguiente todo mundo (inaudible) es lógico, los poquitos que no venden porque van a estorbar tienen que hacer… (inaudible). Está bonito el lugar Kamel, está acogedor, está privado no es un edificio, una torre fría tiene su chispa, arreglado queda como una joya, una bonita, bien arreglado.

KN: Está bien. Arréglalo.

JSK: ¿Cuándo vienes a Cancún? ¿Vienes la semana que viene?

KN: No, la semana que entra no papá, pero la otra sí.

JSK: No vengas en la noche para que te regreses al día siguiente mano, vente a estar dos, tres días a caminar conmigo a la playa. Desconectarte dos días.

KN: ¿Cómo?

JSK: Desconectarte por dos noches.

KN: Ta bien pero (comienza a hablar en árabe).

Traducción textual del árabe libanés:

KN: ¿No tienes putas? (En árabe). ¿Y por qué no me mandaste a mí una? (En español).

JSK: Yo no sirvo para eso, risas. (En español).

KN: Eres ojete. (En español).

JSK: Yo sirvo... yo sé para qué sirvo. (En español).

KN: Eres ojete cabrón... le voy a decir a tu mujer lo que estás haciendo. (En árabe).

JSK: (Risas) Que se muera es el que no te quiera. (Árabe).

KN; ¿Quieres que le diga a tu esposa? (Árabe).

JSK: No te conviene, vas a ir a Cancún, te voy a estar esperando con una. (En español).

KN: ¿Quieres?

JSK: Déjala, pobre, con sus cinco hijos que hacen deporte, futbol; está muy ocupada con ellos. Es una bendición de Dios que esté ocupada con sus cinco hijos.

KN: ¿Donde está la niña de Miami?

JSK: Está en Tampa, yo llego el domingo, y ella también el domingo.

KN: Esa putita es como tú.

JSK: Vas a ver cuando la veas.

KN: ¿Cuánto le pagas?

JSK: $2 000 dólares.

KN: Qué cabrón eres.

JSK: Tú me dices cuándo te la traigo.

KN: ¿Cuándo?, la semana entrante. Hijo de la chingada... pero la traes a fornicar.

JSK: Chin el que se raje...

KN: ¿Pero ya sabes? viene, pero a fornicar.

JSK: Es tan putita como tú.

KN: ¡A que la chingamos! a ver si trae a su amiguita ¿te da pena o qué?

JSK: Yo que voy a saber es trabajo tuyo, no mío.

KN: No, no, no, tráela. Di cuando y la traemos.

JSK: Te digo, mi amiga está bien bonita, es una güerita chaparrita.

KN: ¿Para qué hablas en español?

JSK: No está mi mujer se fue al súper.

KN: Bueno, tonces en árabe... pero ya sabes, ésta la traemos para fornicar.

JSK: Tú dime cuando vas a venir.

KN: ¿Y cuándo va a venir la otra? (En español).

JSK: El domingo llega de Tampa, se queda conmigo hasta el 6 de mayo, el día que yo le diga: háblale a tu amiga le mandamos su boleto porque ella está en El Salvador, la amiga está en El Salvador.

KN: ¿Y tiene visa pal Mexique?

JSK: No sé yo...

KN: ¿Entonces?

JSK: Por eso averiguamos.

KN: ¡Pues averigua, cabrón! que traiga una de Tampa la cabrona.

JSK: Jejeje de acuerdo.

KN: Igual de puta que ella, que no se haga pendeja, y no te hagas pendejo, las ponemos a hacer un *menage a trois*.

JSK: La mía es una virgen, hombre. (Con risas).

KN: Sí virgen. Se chupa el pájaro como pirulí ¡qué virgen es! Ayy, pinche Succar.

JSK: ¿Te platiqué lo de la viagra... no? me la chupa y me dice...esta vez fue diferente (inaudible) diferente cómo... pues no sé fue diferente. (Risas).

KN: Oye ¿pusiste a la pinche gorda a trabajar verdad?

JSK: A cuál, ahora sí, qué hago con ella, ya la quité de encima.

KN: Exactamente, ponla a trabajar que es Emma, la necesitas para acá ahora vente pa' trabajar, hija de puta. No, no la necesitas en la casa.

JSK: No ya no la traigo a la casa.

KN: Haz y no, no haz y llévala a casa. Oye, le quitaste el Direct TV a la pinche suite.

JSK: Es que allí se me pasó no, se la quité, no es que quitarlo, se me pasó, es que el aparato se lo llevan al lobby y cuando necesito la suite pido el aparato. Allí si se me pasó perdóname.

KN: Ahh... mejor hay que ahorrar cabrón, tienes razón. ¿Y qué más hay contigo cabrón?

JSK: Nada, te digo que espero que las cosas terminen bien en Solymar, estoy un poco nervioso. Luego te platico...

KN: ¿Por qué nervioso? ¿Te digo una cosa Jean Succar? Tómalo con calma... se da, se da, no se da...

Esta llamada ratifica la versión de diferentes testigos que ya habían declarado ante la PGR que Succar Kuri llevaba niñas y niños a los Estados Unidos sin sus padres, e incluso una de las testigos protegidas que trabajó con Succar en sus tiendas del aeropuerto de Cancún, aseguró a las autoridades que llevaba a las criaturas con su boleto y las "guardaba" en la tienda hasta que iba a salir su avión a Los Ángeles. "En varias ocasiones nos decía: Cuídenlos aquí hasta que venga por ellos —dice la testiga— vi que los niños se fueron pero nunca los vimos regresar. Lo mismo traía niñitas de Estados unidos y nunca venían con personas adultas."

Emilio Gamboa y Kamel Nacif, la prueba de su "amistad"

A pocos días de que Emilio Gamboa asumiera la presidencia de la Junta de Coordinación Política, el priista reconoció que la conversación con Kamel Nacif en la que habló de una Ley de Juegos que tendría que ver con las apuestas en el Hipódromo no fue la única, y sostuvo que por lo menos hay seis o siete más. El coordinador priista se vacunó de una nueva filtración y alertó de más conversaciones con el empresario libanés, pero insistió en que está arrepentido de esas llamadas y de su contenido.

Una grabación en poder de *El Universal* reveló que el empresario Kamel Nacif exigió al entonces senador priista Emilio Gamboa detener las reformas legales con las que se permitiría abrir un casino en el Hipódromo de las Américas. En febrero de 2004 los diputados priistas aceptaron su interés por sacar adelante una iniciativa de Ley de Juegos y Sorteos. Redactaron un documento de 175 artículos y tres transitorios para regular la operación de estos centros de juego y apuestas. Los cambios que se discutían en el Congreso en abril de 2004 finalmente no fueron aprobados y la iniciativa fue enviada a la congeladora en septiembre de ese año.

Emilio Gamboa (EG): Papito ¿dónde andas cabrón?

Kamel Nacif (KN): Pues aquí estoy, en el pinche pueblo de los demonios, papá.

EG: Pero ¿dónde andas mi rey? Porque habla uno todo el día bien de ti pero te pierdes, hijo de la chingada.

KN: Pues ando chingándole, no queda de otra.

EG: ¿Pero vas bien?

KN: Pues mira, mientras estoy vivo pues me va bien.

EG: No, no, ¿pero estás bien?

KN: Así es, mi rey.

EG: Bueno, cuídate y nos vemos pronto.

KN: ¿Y cómo estás tú, senador?

EG: Huy... a toda madre, aquí echando una comida con unos senadores, que si te cuento ahí te... cabrón.

KN: ¿De dónde...?

EG: Vamos a sacar la reforma del hipódromo, ya no del juego... del hipódromo.

KN: ¿Para qué...?

EG: Para hacer juego ahí, cabrón...

KN: ¿Cómo...? Bueno...

EG: ¿Cómo lo ves?

KN: No, no la chingues.

EG: Entonces lo que tú digas cabrón, lo que tú digas, por ahí vamos cabrón.

KN: No, dale pa' trás papá.

EG: Pues entonces va pa' tras, esa chingadera no pasa en el senado ¿eh?

KN: ¡A huevo!

EG: Ok.

KN: ¡Pues a huevo!

EG: Te mando mi cariño.

KN: ¿Cuándo nos vemos?

EG: Cuando quieras, mi Kamelito.

KN: Pues cuando tú digas...

EG: Yo me voy a Washington a ver a unos cabrones, pero regresando te veo.

KN: ¿Cuándo te vas a Washington?

EG: Me voy el domingo... el viernes, no, el sábado... y regreso el martes a las 11 de la noche.

KN: Pues a ver si nos vemos el miércoles.

EG: Regresando yo te llamo... créeme que yo te llamo... ya no me llames... yo te llamo amigo.

KN: Órale senador...

EG: Un abrazo.

KN: Estáte bien. Bye.

EG: Igual.

Para escuchar estas llamadas en vivo entre a:
www.unafuente.com
www.jornada.unam.mx
www.eluniversal.com.mx

Los cuarenta preciosos

La historia de la conspiración se encuentra repleta de nombres. Todos ellos participaron, en mayor o menor medida, para hostigar, amedrentar y violar mis garantías individuales En las mil 205 páginas de los resultados de la investigación de Juan Silva Meza están las huellas, los rastros de la participación de cada uno de ellos.

Fuente: Alejandro Almazán y Viétnika Batres, "Cómo se armó la conspiración contra Lydia Cacho", *emeequis*, número 87, 1° de octubre de 2007.

PUEBLA:

Mario Plutarco Marín Torres, el gobernador
José Kamel Nacif Borge, el empresario
Hanna Nakad Bayeh, el amigo del empresario
Ana María Campeche Sánchez, la secretaria del gobernador
Guillermo Pacheco Pulido, el presidente del Tribunal
Rosa Celia Pérez González, la jueza

Blanca Laura Villena Martínez, la procuradora
Enrique Ruiz Delgadillo, el secretario adjunto del Tribunal
Javier López Zavala, secretario de Gobernación
Carlos Escobar, el secretario privado del gobernador
Mario Edgar Tepox, el coordinador de agenda del gobernador
Ricardo Velásquez Cruz, asesor jurídico del gobernador
Hugo Adolfo Karam Beltrán, el ex director de la Policía judicial
Leonardo Fabio Briceño Moreno, el secretario del presidente del Tribunal
Heriberto Galindo Martínez, el director del Cereso
Aldo Enrique Cruz Pérez, el director de los Centros de Readaptación Social
Arsenio Farell Campa, Luis Jorge Castro Trejo, Agustín Ruiz Parra, Manuel Farrera Villalobos y Jorge Miguel Echeverría, los abogados del empresario
Igor Archundia Sierra, el subprocurador de Averiguaciones Previas
Gerardo Villar Borja, Juan José Barrientos Granda y Fernando García Rosas, los magistrados del Tribunal
Martín Macías Pérez, el secretario de Acuerdos del Tribunal
José Hernández Corona, el subsecretario de Asuntos Políticos y Protección Civil de la Secretaría de Gobernación
Juan Sánchez Moreno, el comandante del grupo de aprehensiones de la desaparecida comandancia de mandamientos judiciales
Rómulo Arredondo Gutiérrez, el secretario de Comunicaciones y Transportes
Luis Guillermo Arsención Serna, el director de Averiguaciones Previas

Rosaura Espejel Prado e Ignacio Sarabia Martínez, los ministerios públicos
José Montaño Quiroz y Jesús Pérez Vargas, los agentes judiciales

QUINTANA ROO:

Bello Melchor Rodríguez y Carrillo, el procurador
Teodoro Manuel Sarmiento Silva, el subprocurador de la Zona Norte
Javier Brito Rosellón, el ex director de Asuntos Jurídicos de la subprocuraduría de la Zona Norte
Jaime Alberto Ongay Ortiz, el ex director de la policía judicial de la Zona Norte
Jorge Félix Humberto Adolfo Molina Osuna, el excomandante del Grupo de Aprehensiones de la subprocuraduría de la Zona Norte
Miguel Mora Olvera, el judicial

HABÍA UNA VEZ UN PEDERASTA

QUE ESTABA PROTEGIDO POR SUS MUY PODEROSOS AMIGOS...

A LA OPINIÓN PÚBLICA

La denuncia presentada en 2003 por un grupo de niñas y niños abusados sexualmente por Jean Succar Kuri en Cancún desencadenó una larga secuela de infamias que aún no termina. Es un caso que exhibe la dificultad que existe en México para llevar ante los tribunales a autoridades y hombres de poder vinculados con actos criminales.

LOS HECHOS

No fue fácil para las víctimas atreverse a denunciar a su victimario, un hombre de riqueza e influencias. La respuesta de las autoridades a este acto de valor civil fue un intento de extorsión al criminal, y de negligencia al dejarlo escapar. Gracias a la movilización de las propias víctimas ante la INTERPOL, Succar Kuri fue detenido en Estados Unidos, pero su extradición se congeló debido al escaso interés de la PGR para acreditar el delito ante las autoridades norteamericanas. Pruebas y testimonios que documentaban los crímenes del pederasta, algunas de ellas irremplazables, desaparecieron de los expedientes. El tráfico de influencias aletargó el proceso.

Gracias a la publicación del libro *Los Demonio del Edén*, de la periodista Lydia Cacho, y la difusión que recibió el caso, la PGR finalmente agilizó los trámites de extradición. Pero la red de poderosos que protegen a Succar castigó duramente a la periodista por atreverse a exhibirlos. El empresario Kamel Nacif negoció con el gobernador de Puebla Mario Marín la aplicación tortuosa de la justicia para castigar a Lydia Cacho, como lo atestiguan varias pruebas, además de las famosas grabaciones dadas a conocer el 14 de febrero de 2006.

Al igual que las niñas abusadas por Succar, Lydia Cacho recurrió a la ley (PGR) para denunciar a sus victimarios por abuso de autoridad, tortura e intento de violación. Cacho decidió combatir a sus verdugos en los tribunales, justamente el terreno que ellos habían escogido para torturarla. Era una estrategia arriesgada, pero surgió de la convicción de que la democratización del país podría dar cabida al caso de una ciudadana vs un gobernador y una procuradora.

La respuesta en su contra ha sido implacable. El sistema judicial ha puesto en operación una gran cantidad de recursos y subterfugios para castigar su atrevimiento: la desaparición de pruebas, incluida la computadora de la CNDH en que estaban testimonios de testigos claves, el amedrentamiento de testigos, la repetición ad nauseum de interrogatorios para desgastar a la denunciante, el atentado perpetrado en la camioneta de PGR en que viaja la periodista; la campaña de descalificación de parte del gobierno poblano contra Cacho, gracias al acceso ilegal de materiales en poder de la fiscalía; el tortuguismo malintencionado de ministerios públicos y jueces. Los dos casos, el del pederasta Succar Kuri y el de Cacho vs Marín se entrelazaron irremediablemente. A lo largo de este proceso las autoridades poblanas han utilizado a los tribunales como si fuesen una extensión del aparato estatal, y no el espacio público para atender la queja de una o un ciudadano.

A cada violación y abuso, la defensa de Lydia Cacho ha respondido con una respuesta puntual en tribunales, denunciando irregularidades y abusos. El resultado de cada gestión legal invariablemente ha desencadenado mayor desgaste y más duras represalias contra ella.

CONSIDERACIÓN

El caso entre Lydia Cacho y el gobierno de Puebla ha llegado por segunda vez a la Suprema Corte, gracias al llamado responsable de la Cámara de Diputados y el Senado de la República. El tema es fundamental para el país. Se está juzgando mucho más que una violación a los Derechos Humanos de una periodista que dio voz y protege a niños y niñas abusadas. Lo que está en juego es saber, de una vez por todas, si las y los mexicanos comunes tenemos alguna posibilidad de que el Estado nos proteja de los criminales que se alían con servidores públicos, esos que desde el poder ejecutivo y el judicial utilizan el Sistema de Justicia Penal para proteger redes criminales de todo tipo, incluyendo redes de pornografía infantil y corrupción de menores. Porque las autoridades poblanas involucradas no necesitaron participar en acto de pederastia para convertirse en cómplices, bastó llevar a cabo una concertación antijurídica para enviar el mensaje público: se protegen los derechos de victimarios y se castiga a las víctimas y a periodistas que se atrevan a revelar los hechos verdaderos comprobables.

Exhortamos a Ministras y Ministros de la Suprema Corte a devolver a las y los ciudadanos mexicanos nuestro derecho a confiar en los tribunales. Hasta ahora las repercusiones sufridas por las víctimas de Succar y la persecución en contra de Lydia Cacho, parecerían dar la razón a ocho de cada diez mexicanos, que consideran inútil denunciar un delito porque las instituciones del Estado no les darán protección. Si las autoridades poblanas son eximidas de su responsabilidad, si no se reconoce la evidente existencia de redes de pornografía, abuso y Trata de menores en México, será muy difícil que algún otro ciudadano o ciudadana se atreva a desafiar en un tribunal a hombres que utilizando el poder público corrompen a la sociedad y fortalecen la criminalidad en México.

POR EL RESPETO A LOS NIÑOS,
CONTRA EL ABUSO Y LA IMPUNIDAD,
FIRMAMOS:

Adolfo Castañón,
Agustín Coppel,
Alan Ibarra,
Alfonso Cuarón,
Alberto Begné,
Alberto Ruy Sánchez,
Alejandra Islas,
Alejandro González Iñarritu,
Alejandro Páez Varela,
Alicia Leal,
Alison Thompson,
Álvaro Enrigue,
Ana Claudia Talancón,
Ana Colchero,
Ana de la Reguera,
Angeles Mastretta,
Ángeles Ochoa,
Ashley Judd,
Astrid Haddad,
Avi Lewis,
Bart Freundlich,
Beatriz Novaro,
Benicio del Toro,
Berta Hiriart,
Berta Navarro,
Blanca Guerra,
Bridget Fonda,
Blanca Rico,
Blue Demon Jr.
Carla Faesler,
Carlos Carrera,
Carlos Fazio,
Carlos García Agraz,
Carlos Martínez Assad,
Carlos Monsiváis,
Carlos Reygadas,
Carmen Boullosa,
Carmen Giménez Cacho,
Carmina Narro,
Caroline Coskren,
Cecilia Suárez
Charlize Theron,
Chema Yazpik
Clara Jusidman,
Clara Montes,
Clara Scherer,
Clive Owen,
Committee of Protection of Journalists,
Cristina del Valle,
Damien Rice,
Dana Rotberg,
Debra Winger,
Demi Moore,
Daniel Giménez Cacho,
Darren Aranovsky,
David Bialostozky,
David Heyman,
Daya Fernandez,
Debora Holtz,
Denise Dresser,
Diana Washington Valdéz,
Diego Luna,
Eduardo Gamboa,
Edward Norton,
Elena Poniatowska,
Elsa Cross,
Emi Norris,
Emilienne de León,
Emmanuel Lubezki,
Enrique Berruga,
Epigmenio Ibarra,
Eric Newman,
Ernesto Gómez Cruz,
Eugenia León,
Eugenio Caballero,
Eugenio Derbez,
Eve Ensler,
Fabrizio Eva,
Federico Campbell,
Felipe Cazals,
Felipe Garrido,
Fernando Cámara,
Fred Berger,
Frederique Ulla Alonso,
Gabriel Orozco,
Gabriela García Luna,
Gael García Bernal,
Gerardo García,
Gerardo Priego Tapia,
Graciela Iturbide,
Grupo Elefante,
Guadalupe Loaeza,
Guillaume Canet,
Guillermo del Toro,
Gus Van Sant,
Harrison Lobdell,
Heather Graham,
Héctor de Mauleón,
Henry Holmes,
Huberto Bátiz,
Humberto Musacchio,
Ignacio Ortiz,
Ignacio Rodríguez Reyna,
Jackie Joiner,
Jacquelyn Langberg,
James Schamus,
Jenaro Villamil,
Jeniffer Hoffmeister,
Jesusa Rodríguez,
John Hecht,
Jonás Cuarón,
Jordi Soler,
Jorge Fons,
Jorge Volpi,
Jorge Zepeda Patterson,
José Gordon,
Jose Luis Garcia Agraz
José Pérez-Espino,
Josefina Zoraida Vázquez,
Josh Lucas,
Juan Antonio de la Riva,
Juan Carlos Casasola,
Julianne Moore,
Julie Delpy,
Julio Pomar,
Julio Scherer Ibarra,
Karla Moles,
Kristel Laiblin,
Kyzza Terrazas,
Kate del Castillo,
Katia D'Artigues,
Laura de Ita,
Leonardo de Leozzane,
Liliana Felipe,
Lorena Maza,
Lucía Álvarez,
Lucía Melgar,
Lucina Jiménez,
Luis Farnox,
Luis Javier Solana,
Luis Mandoki,
Luis Mario Moncada,
Manuel Carrillo,
Manuel Pereira,
Marc Abraham,
Marc Weiss,
Marcela Lagarde,
Marco Lara Kahr,
Margarita De Orellana,
María Consuelo Mejía,
María Elena Chapa,
María Rojo,
María Teresa Priego,
Mariana Castaneda,
Mariana Rodríguez,
Mariana Winocour,
Marie Claire Acosta,
Mariestela Fernández,
Marina Arvizu,
Marina Castañeda,
Marta Lamas,
Mary Browning,
Mateo Gil,
Mauricio Carrera,
Maximiliano Vega Tato,
Mia Maestro,
Michael Mann,
Mike Davis,
Milos Forman,
Mira Nair,
Moderatto,
Molotov,
Monica Hoge,
Mónica Lavín,
Naomi Klein,
Naomi Watts,
Natalie Imbruglia,
Nerio Barberis,
Nicole Teeny,
Olallo Rubio,
Oscar Figueroa,
Pablo Cruz,
Paloma Torres,
Noam Chomsky,
Patricia Mercado,
Patricia Reyes, Espíndola,
Paul Lalberty,
Pedro Armendáriz,
Pilar Ordoñez,
Polly Cohen,
Priscila Amescua,
Priya Shelly,
Rafael Pérez Gay,
Random House Mondadori,
Randy Ebright,
Rebeca Miller,
Regina Orozco,
Reporteros Sin Fronteras,
Ricardo Rocha,
Richard Fox,
Rita Varela,
Rosa Nissan,
Rosario Dawson,
Rosaura Barahona,
Rose McGowan,
Ross Katz,
Rossana Fuentes,
Robert Rodríguez,
Robin Wright Penn,
Ryan Gosling,
Sabina Berman,
Salma Hayek,
Salvador Camarena,
Salvador Frausto,
Sara Sefchovich,
Sasha Sokol,
Saul Hernández,
Sean Penn,
Sergio Aguayo,
Sergio González,
Sigfrido Barjau,
Slavo Zízek,
Stasia de la Garza,
Steve Rabineau,
Steven Czitrom,
Susan Sarandon,
Taylor McNulty,
Thomas Vinterberg,
Timothy J.Sexton,
Toni Kuhn,
Vicente Leñero,
Warren Olney,
Woody Harrelson

Responsable de la publicación: Blanca Rico Galindo

...Y MÁS DE DOS MIL FIRMAS QUE SOMOS UNA SOLA, CONSULTABLES EN: www.unafuente.com

Desplegado de prensa publicado el 21 de junio de 2007, suscrito por artistas, intelectuales, periodistas y miles de personas de varios países, que exhorta a los ministros de la SCJN a impedir la impunidad.

Contacto para obtener más información sobre cómo frenar la pornografía infantil

AUSTRALIA
Australian Broadcasting Authority www.aba.gov.au
Australian Federal Police www.afp.gov.au
New South Wales Police/Crime Stoppers
Toll-free: 1-800-333-000
www.police.nsw.gov.au

AUSTRIA
Stopline www.stopline.at

BÉLGICA
Child Focus www.childfocus-net-alert.be
Judicial Police of Belgium www.ecops.be

CANADÁ
Cybertip!ca
www.cybertip.ca/childfind/cybertip/924.html
Cyber Tipline
National Center For Missing & Exploited Children
Charles B. Wang International Children's Building
699 Prince Street
Alexandria, VA 22314-3175
Phone: (703) 274-3900
Toll-free: 1-800-843-567
www.cybertipline.com

La NCMEC Hotline puede ser usada en los Estados Unidos, Canadá y México.
Ontario Provincial Police Child Pornography Unit
Contacto: Bob Matthews, Unidad Child Pornography
Phone: (416) 235-4552
www.gov.on.ca/opp/projp/english/

DINAMARCA
Red Barnet
www.redbarnet.dk

EUROPA
Asociación INHOPE
P.O. BOX 737
Woking GU22 8SY
United Kingdom
www.inhope.org
Interpol www.interpol.int

FINLANDIA
Pelastakaa Lapset
www.pelastakaalapset.fi/nettivihje/report.htm

FRANCIA
AFA Point de Contact
www.pointdecontact.net

ALEMANIA
Anti-Kinderporno
www.anti-kinderporno.de/start_adressen.htm

GRECIA
SafeLine
www.safeline.gr

HONG KONG
Hong Kong Child Protection Unit
Phone: 2804 1437

ISLANDIA
Barnaheill
www.barnaheill.is

IRLANDA
ISPA of Ireland Child Pornography Reporting
Phone: 1890 610 710
www.hotline.ie

ITALIA
Stop-iT
www.stop-it.org

JAPÓN
Japan National Police Agency
www.npa.go.jp

HOLANDA
Meldpunt Kinderporno NL
www.meldpunt.org

NUEVA ZELANDA
DIA New Zealand
www.dia.govt.nz/web/submitforms.nsf/cencomp?OpenForm

ESPAÑA
Protegeles.Com
www.protegeles.com

COREA DEL SUR
ICEC
www.internet119.or.kr

SUECIA
Rüdda Barnen
www.rb.se/hotline/

TAIWÁN
ECPAT Taiwan
www.web547.org.tw

REINO UNIDO
CrimeStoppers
Freephone: 0800 555 111
Internet Watch Fundation
www.iwf.org.uk
New Scotland Yard Child Pornography Division
Freephone: 0808 100 0040
www.met.police.uk/childporn/

Índice onomástico

Memorias de una infamia, de Lydia Cacho
se terminó de imprimir en noviembre de 2007 en
Gráficas Monte Albán, S.A. de C.V.
Fracc. Agro Industrial La Cruz
El Marqués, Querétaro
México